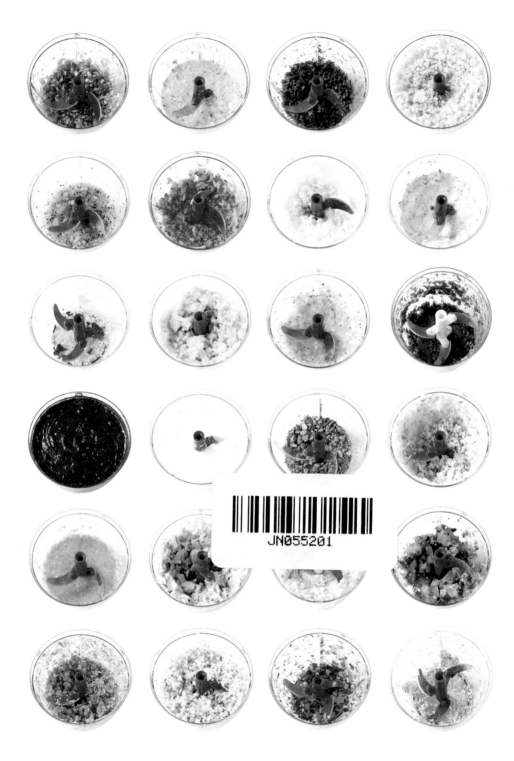

Contents

Part 1
インスタフォロワーに大人気！
ぶんぶんチョッパー
ベストレシピ10

Part 2
ぶんぶんチョッパーであっという間に
メインおかずができちゃった！

[肉]
[魚介]
[野菜]

Part 3
ぶんぶんチョッパーで
ボリューム主食が
できちゃった！

[ごはん]
[めん]
[パン]

家族が大好きなハンバーグや
ギョーザを作りたいけれど
みじん切りが大変!

ねぎ類は
目にしみて
涙が出ちゃう。

切った野菜が
飛び散って
あと片づけも大変。

時間がかかるし、
均一にならなくて。

手ににおいが
つくことも…。

\ ぶんぶんチョッパー /
なら!
わずか8秒で
みじん切りが
できちゃう!

ぶんぶん
15回

肉だねがふわふわ!

野菜をぶんぶんしたあと、
ひき肉や調味料を加えてぶんぶん。

ねりまぜた肉だねは具
材がよくなじみ、加熱
するとふわっふわ!

とろろも楽々

2cm角に切った
長いもを入れて30回ぶんぶん。

なめらかなとろろので
き上がり!手もかゆく
なりにくい。

ぶんぶんチョッパーは
ほかにも スゴイ こといっぱい!

卵液がなめらか!

卵と水、
白だしを入れてぶんぶん。
しっかりまざるので、こす必要なし!

蒸し器いらず。なべや
フライパン蒸しで口ど
けなめらかな茶わん蒸
しに。

ケーキもできちゃう

レンジ加熱したかぼちゃ、
クリームチーズ、
卵など材料をいっぺんにぶんぶん。

型に流し入れ、あとは
オーブンに。手間なく
濃厚なケーキの完成!

使い方 4 ステップ

ぶんぶんチョッパーの使い方はとても簡単!
玉ねぎはもちろん、かたいにんじんなど根菜の
みじん切りもあっという間にでき上がります。

1

刃をセットする

容器の底、中央にある突起部分に
刃の下側の穴をさし込む。

2

食材を入れる

食材を適当な大きさに切って入れる
(量は容器の半分以下が目安)。

Point

途中でまぜて均一に

食材がかたよったり、容器の側面にくっついた
りするので、回数の半分くらいぶんぶんしたら
容器を上下に振って食材を動かし、残りの回数
ぶんぶんすると均一に仕上がります。また、粉
類は側面にくっつきやすいので、途中で小さめ
のゴムべらなどを使って落としてからまぜると
全体になじみ、なめらかになります。

こまかく仕上げるにはスピードも大事。手首のスナップをきかせて手前にグンと引っぱると速度が増します。

3

ふたをする

ふたの裏にある突起を
刃の上側の穴にさし込み、
ふたを閉める。

4

引っぱる!

片手でしっかり押さえ、
もう片方の手で
ハンドルを素早く引っぱる。

出すときは

ゴムべらを使うと便利

ふたを開けたら、気をつけて刃を
とり出し、中身を出しましょう。
ゴムべらを使うと、側面について
いるものもきれいにとれます。

ぶんぶん回数で仕上がり自在!

ぶんぶんする回数で、仕上がりの状態が変わります。
用途によってあらめ、こまかめなどを使い分けて楽しんで。

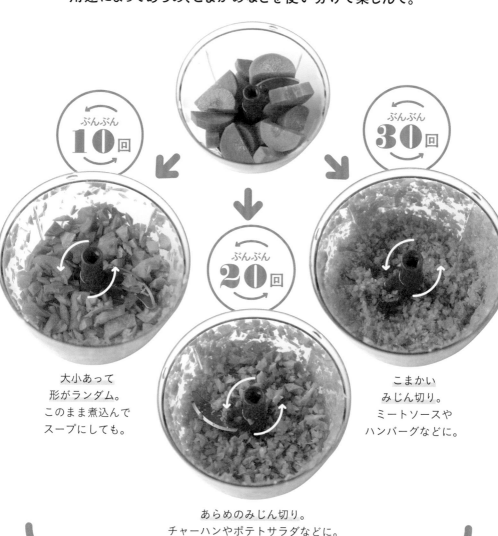

ぶんぶん
10回

大小あって
形がランダム。
このまま煮込んで
スープにしても。

ぶんぶん
20回

ぶんぶん
30回

こまかい
みじん切り。
ミートソースや
ハンバーグなどに。

あらめのみじん切り。
チャーハンやポテトサラダなどに。

さっと水洗いでお手入れ簡単!

パーツは容器と刃、ふたの3つだけ。
すぐに分解して水洗いできるので、清潔感を保てます。

パーツは
すべて水洗い

容器とふたは
やわらかいスポンジでまる洗い。
刃は歯ブラシを使うとラク。

水きりして
乾燥

ふたは側面の左右2カ所にある
水抜き穴を下にしておくと
水きれ抜群!

＼ こんな洗い方も! ／

刃がかぶるくらいまでぬ
るま湯を注ぎ、洗剤を入
れる。

数回ぶんぶん
引っぱる。

刃が怖いときは…

ぶんぶん機能を使って洗浄も
できます。ぶんぶんすると洗
剤が泡立って全体に行き渡り、
刃がきれいに! あとはさっと
すすぐだけでOK。とりきれ
ないときはスポンジなどを使
ってください。

ぶんぶんチョッパー サイズ選びのコツ

薬味用の小さなものから玉ねぎ3個をいっぺんにみじん切りにできるビッグサイズまで
豊富なラインアップ。人数や用途によって選んでください。

この本で使っているのはコレ!

190ml
ぶーぶーチョッパー
使用目安：にんにく1かけ

収納場所に困らない手のひらサイズ。にんにくやしょうがなど薬味のみじん切りに最適。

450ml
ぶんぶんチョッパー
使用目安：玉ねぎ1/2個

ソースや離乳食作りにおすすめ。ハンバーグ2個作るときの玉ねぎの量であれば、このサイズでOK!

640ml
ぶんぶんチョッパー
使用目安：玉ねぎ1個

多様な食材をいっぺんにぶんぶんできる。4人分のチャーハンやハンバーグ用のみじん切りにちょうどいい。

この本で使っているのはコレ!

900ml
ぶんぶん
チョッパー5S
使用目安：玉ねぎ1と1/2個

同容量の「ぶんぶんチョッパー5」の強化版。5枚刃で、一度にたくさんのみじん切りをするときに便利。

1.5L
ぶんぶん
チョッパーBoss
使用目安：玉ねぎ3個

シリーズ最強・最大パワー。料理の下ごしらえが一度にたくさんできる。キャベツも1/2個までOK!

この本のレシピの決まり

- 小さじ1は5ml、大さじ1は15mlです。
- 火かげんは特に記載のないかぎり中火です。
- 野菜類は、特に指定のない場合は、洗う、皮をむくなどの作業をすませてからの手順を説明しています。
- 調味料は、特に指定がない場合は、しょうゆは濃口しょうゆ、砂糖は上白糖、小麦粉は薄力粉を使用しています。
- 電子レンジは600Wを使用しています。

- レシピの分量は2人分を基本とし、多めに作ったほうがおすすめのものは作りやすい分量などで示しています。
- レシピのぶんぶん回数は目安です。引っぱる速さなどにより変わりますので、様子を見ながらかげんしてください。
- レシピで使用しているぶんぶんチョッパーとサイズ違いのものでも作れますが、仕上がりに多少差が出ることがあります。

\Bun /
\Bun /

Part 1

インスタフォロワーに大人気！

ぶんぶんチョッパー
ベストレシピ
10

ぶんぶんチョッパーを使えば、大根おろしや
ハンバーグの肉だねもあっという間！
約2000点のレシピの中からSNSの再生数や
保存数が多い、超厳選10レシピを紹介します。
ぜひここから作ってみて！

鶏肉と野菜のおろし煮

面倒な大根おろしはぶんぶんにおまかせ♪
鶏肉はむね肉でもOK。
季節の野菜で楽しんでください。

材料（2人分）

鶏もも肉 … 1枚（250g）
なす … 1個
オクラ … 2本
パプリカ（赤） … 1/4個
大根 … 150g
塩、こしょう … 各適量

A｜ポン酢しょうゆ … 大さじ3
　｜砂糖、しょうゆ … 各小さじ1
かたくり粉 … 適量
サラダ油 … 適量

| 下ごしらえ |

● 鶏肉は一口大に切り、塩、こしょうを振る。
● なすは乱切りにする。
● パプリカは2cm角に切る。
● 大根は3cm角に切る。

作り方

1 容器に大根とAを入れて30回ぶんぶんする。

2 鶏肉にかたくり粉をまぶし、油少々を熱したフライパンで皮目から焼く。途中返し、中まで火が通ったらいったんとり出す。

3 続けてなす、オクラ、パプリカを入れて焼く（油が足りなければ少々加える）。香ばしく焼けたら鶏肉を戻し入れ、**1**を加えてひと煮立ちさせる。

| 使ったのは |

640ml
ぶんぶんチョッパー
900mlでも同量で作れる。

ぶんぶん
30回

15

ベストレシピ 2

ポテトオムレツ

子どもたちに人気のオムレツ。
具材をぶんぶんしていため、卵で包む時短レシピです。

材料（2人分）
卵 … 2個
合いびき肉 … 150g
じゃがいも … 小1個
にんじん … 20g
玉ねぎ … ¼個

塩、こしょう … 各少々
A しょうゆ、砂糖 … 各小さじ2
ウスターソース … 小さじ1
サラダ油 … 適量
トマトケチャップ … 適量

| 下ごしらえ |
●卵は割りほぐす。
●じゃがいも、にんじん、
　玉ねぎは2cm角に切る。

作り方

1 容器にじゃがいも、にんじん、玉ねぎを入れて20回ぶんぶんする。

2 フライパンに油少々を熱し、**1**をいためる。火が通ってきたらひき肉を加えてほぐしいためる。肉の色が変わったら**A**を加えてまぜ、いったんとり出す。

3 フライパンをキッチンペーパーでふいて油少々を熱し、とき卵1個分を流し入れてふんわりとまぜる。半熟になったら**2**の半量をのせて包む。残りも同様に作り、器に盛ってケチャップをかける。

ぶんぶん
20回

使ったのは
640ml
ぶんぶん
チョッパー
900mlでも同量で作れる。

17

ベストレシピ③
ゆずこしょうハンバーグ

肉だねとソースにゆずこしょうを使った
ピリッと辛い大人向けのハンバーグ。
中にはとろ～りチーズが。ごはんを添えてどうぞ。

材料（2人分）

豚ひき肉 … 150g

レタス … 30g

A
おからパウダー … 小さじ1
ゆずこしょう … 小さじ½
マヨネーズ … 大さじ1
塩、こしょう … 各少々

ピザ用チーズ … 適量

サラダ油 … 適量

B
ポン酢しょうゆ … 大さじ2
ゆずこしょう … 少々

| 下ごしらえ |

● レタスは4cm角にちぎる。
● Bはまぜる。

ぶんぶん
10回

ひき肉とAを加えて

ぶんぶん
20回

作り方

1　容器にレタスを入れて10回ぶんぶんし、ひき肉とAを加えてさらに20回ぶんぶんする（具材が容器の側面にくっつく場合はへらなどで落とす）。

2　1を2等分し、チーズを包んで小判形にととのえる。これを計2個作る。油を熱したフライパンに並べ入れ、焼き色がついたら返してふたをし、中まで火を通す。

3　器に盛り、Bと、あればソテーしたミニトマトやエリンギを添える。

| 使ったのは |

640ml
ぶんぶんチョッパー

900mlでも同量で作れる。

ベストレシピ **4**

キャベツたっぷりメンチカツ

キャベツがたっぷり入ったヘルシーメンチ。
面倒なみじん切りはぶんぶんチョッパーで
一気にすませます！

材料（2人分）

合いびき肉 … 200g

キャベツ … 150g

玉ねぎ … ¼個

A	とき卵 … ½個分
	ウスターソース … 小さじ2
	塩、こしょう … 各適量
	パン粉 … 小さじ2
	かたくり粉 … 大さじ1
	小麦粉 … 大さじ3
B	卵 … 1個
	水 … 50㎖

塩 … 小さじ¼

パン粉 … 適量

揚げ油 … 適量

中濃ソース … 適量

| 下ごしらえ |

● キャベツは4㎝角に切る。

● 玉ねぎは2㎝角に切る。

● Bはまぜる。

作り方

1 容器にキャベツと玉ねぎを入れて25回ぶんぶんする（全量入らない場合は途中で加える）。刃をとり出して塩を振ってもみ、5分ほどおいて水けをしっかりしぼる。

2 ボウルにひき肉、**1**、**A**を入れてしっかりねりまぜ、4等分して小判形にととのえる。**B**、パン粉の順に衣をつけて170度の揚げ油に入れ、返しながらきつね色に揚げる。器に盛り、ソースをかける。

ぶんぶん
25回

| 使ったのは |

900㎖
ぶんぶんチョッパー

640㎖は2回に分けて
ぶんぶんする。

ベストレシピ **5**

牛肉のガーリックライス

にんにくがきいたバターじょうゆ味のチャーハン。
ぶんぶんでみじん切りにしたら、あとはいためるだけ!

ぶんぶん
15回

材料（2人分）
あたたかいごはん … 300g
牛こまぎれ肉 … 50g
にんにく … 2かけ
玉ねぎ … 1/4個
卵 … 1個
しょうゆ … 小さじ2
塩、こしょう … 各適量
バター … 大さじ1

| 下ごしらえ |

● にんにくは半分に切る。
● 玉ねぎは2cm角に切る。
● 卵は割りほぐす。

作り方

1 容器ににんにくと玉ねぎを入れて15回
ぶんぶんする。

2 フライパンを熱してバターをとかし、牛
肉と**1**をいためる。肉の色が変わったら
とき卵、ごはんを加えてほぐしいためる。
卵に火が通ったらしょうゆを回し入れ、
塩、こしょうで味をととのえる。

ベストレシピ⑥

青じその
ジェノベーゼパスタ

青じそならバジルより格安でジェノベーゼができます!
パスタはもちろん、肉や魚にかけてもおいしい。

材料（2人分）
青じそ … 25g（約30枚）
にんにく … 1かけ
素焼きくるみ … 10g
塩 … 適量

A
粉チーズ … 大さじ1
塩 … 小さじ½
オリーブオイル … 80㎖

スパゲッティ … 160g

| 下ごしらえ |

● 青じそは2㎝角に切る。
● にんにくは半分に切る。

ぶんぶん
25回

作り方

1 なべにたっぷりの湯を沸かして塩を
とかし、スパゲッティを袋の表示ど
おりにゆでる。

2 容器ににんにくとくるみを入れて
25回ぶんぶんし、青じそとAを加
えてさらに40回ぶんぶんする。

3 1がゆで上がったら湯をきってボウ
ルに入れ、2を加えてあえる。味を
みて塩（分量外）でととのえる。

\青じそとAを加えて/

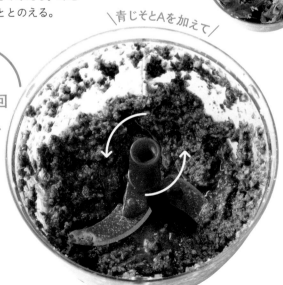

ぶんぶん
40回

| 使ったのは |

640㎖
ぶんぶんチョッパー

900㎖でも同量で作れる。

25

ベストレシピ **7**

茶わん蒸し

こし器も蒸し器も必要なく、簡単にできてなめらか。
「茶わん蒸しって大変そう」と思っている人にこそ
作ってほしい!

材料 (2人分)
卵 … 1個
鶏むね肉 (皮なし) … 40g
冷凍むきえび … 2尾
しめじ … 適量
かまぼこ … 2切れ
三つ葉 … 少々
白だし … 大さじ1

| 下ごしらえ |
● 鶏肉は2cm角くらいに切る。
● えびは解凍する。
● しめじは石づきをとってほぐす。
● 三つ葉は2cm長さに切る。

作り方

1 容器に卵を割り入れ、白だし、水200mℓ を加えて、全体がしっかりまざるまで 25回ぶんぶんする。刃をとり出して表 面の泡を除く。

2 深さのあるなべに耐熱の器を並べ、鶏肉、 えび、しめじ、かまぼこを等分して入れ、 1を注ぎ、三つ葉をのせる。

3 器の半分の高さまでなべに熱湯を注ぎ、 アルミホイルをかぶせる。火にかけて沸 騰したらふたをし、弱火で8分加熱する。

ぶんぶん
25回

| 使ったのは |

640ml
ぶんぶんチョッパー

900mlは倍量がおすすめ。

27

コールスロー

あっという間にみじん切りができるので
食べたくなったらすぐ作れます!
ロールパンにたっぷりはさんでサンドにしても。

材料（2～3人分）
キャベツ … 200g
にんじん … 50g
ロースハム … 4枚
ホールコーン … 50g
塩 … 小さじ¼
A｜ マヨネーズ … 大さじ3
　｜ 砂糖、酢 … 各小さじ1
　｜ 塩、こしょう … 各少々

| 下ごしらえ |
● キャベツは4cm角に切る。
● にんじんは1cm厚さの半月切りにする。
● ロースハムは1cm角に切る。

作り方

1 容器ににんじんを入れて25回ぶんぶんし、キャベツを加えてさらに35回ぶんぶんする。刃をとり出して塩を振ってもみ、10分ほどおいて水けをしっかりしぼる。

2 ボウルに**1**、ハム、コーン、**A**を入れてまぜる。

ぶんぶん
25回

キャベツを加えて

ぶんぶん
35回

| 使ったのは |

900ml
ぶんぶん**チョッパー**
640mlは2回に分けて
ぶんぶんする。

29

ベストレシピ **9**

もち麦スープ

具だくさんのスープにプチプチ食感のもち麦をプラス。
具からだしが出て、うまみもボリュームもしっかり。

材料（2人分）

A
　大根、キャベツ … 各30g
　にんじん、ねぎ … 各20g
　しいたけ … 2個
　しょうが … 1かけ

鶏ももひき肉 … 20g

もち麦 … 大さじ1

B
　水 … 500ml
　ごま油、鶏ガラスープのもと
　　… 各小さじ1
　塩 … 適量

| 下ごしらえ |

●大根は1cm厚さのいちょう切りにする。

●キャベツは4cm角に切る。

●にんじんは1cm厚さの半月切りにする。

●ねぎは1cm長さに切る。

●しいたけは石づきをとって半分に切る。

●しょうがは半分に切る。

作り方

1 容器にAを入れて15回ぶんぶんする。

2 なべにBを入れて火にかけ、煮立ったら1、ひき肉、もち麦を加えてまぜ、ふたをして15分ほど煮る。器に盛り、あればパンを添える。

ぶんぶん
15回

| 使ったのは |

 640ml
ぶんぶん**チョッパー**

900mlでも同量で作れる。

31

ベストレシピ **10**

さっぱりさわやかで、朝のお目覚めにおすすめのドリンク。
ブルーベリーは冷凍でもOK!

ブルーベリーラッシー

材料（2人分）

A | ブルーベリー … 100g
　 | プレーンヨーグルト … 200g
　 | はちみつ … 大さじ2
牛乳 … 200㎖

作り方

1 ｜ 容器に**A**を入れ、ブルーベリーがこまか
　　 くなるまで30回ぶんぶんする。

2 ｜ 牛乳を加えてさらに10回ぶんぶんする。

使ったのは

900㎖
ぶんぶんチョッパー

640㎖は2回に分けて
ぶんぶんする。

ぶんぶん
30回

牛乳を加えて

ぶんぶん
10回

\Bun/ \Bun/

Part 2

ぶんぶんチョッパーで
あっという間に
メインおかずが
できちゃった！

肉や魚料理のソースを
ぶんぶんチョッパーで手作りして、料理上手に。
タルタルソースやいため物の万能だれも
簡単にできます。時短にもなって大助かり！
ぶんぶんチョッパーを使った、肉、魚介、
野菜のメインおかずを紹介します。

揚げない油林鶏

パリッと焼き上げた鶏肉に
香味野菜がたっぷり入ったソースをかけて。

ぶんぶん
30回

材料 (2人分)
鶏もも肉 … 1枚(250g)
塩、こしょう … 各適量
かたくり粉 … 適量
サラダ油 … 適量

[香味だれ]
ねぎ … ½本
にんにく、しょうが … 各1かけ
パプリカ(赤、黄) … 各20g
砂糖、しょうゆ、水 … 各大さじ1
ごま油 … 小さじ2
酒、はちみつ … 各小さじ1

| 下ごしらえ |
● ねぎは1cm長さに切る。
● にんにく、しょうがは半分に切る。
● パプリカは2cm角に切る。

作り方

1 鶏肉は厚みが均一になるように包丁で切り込みを入れて開き、全体に塩、こしょうを振り、かたくり粉をまぶす。

2 容器に香味だれの材料を入れて30回ぶんぶんする。

3 フライパンに油を熱し、鶏肉を皮目を下にして入れる。火が7〜8割ほど通ったら、返して中まで火を通す。食べやすく切って器に盛り、**2**をかける。

使ったのは

640ml
ぶんぶん
チョッパー
900mlでも同量で作れる。

ゆで鶏と
たたききゅうりの
ねぎだれあえ

万能ねぎだれを使った、主菜になるあえ物。
たれはチャーハンや野菜いためにもおすすめです!

材料（2人分）
鶏むね肉 … 1枚(250g)
きゅうり … 1本

A
塩 … 小さじ½
ねぎの青い部分 … 1本分
しょうがの薄切り … 2〜3切れ
酒 … 大さじ1

[ねぎだれ]
ねぎ … ½本
しょうが … 25g
サラダ油 … 小さじ2
ごま油 … 小さじ1
砂糖、鶏ガラスープのもと … 各小さじ½
塩 … 小さじ¼

| 下ごしらえ |
● きゅうりはめん棒で軽くたたき、食べやすい大きさにちぎる。
● たれのねぎは1cm長さに切る。
● たれのしょうがは4〜5等分に切る。

作り方

1 耐熱のポリ袋に鶏肉とAを入れてもみ込み、空気を抜いて袋の口をしっかりと結ぶ。湯を沸かしたなべに入れ、ふたをしてごく弱火で15分加熱し、火を止めて10分おいて余熱で火を通し、袋ごと冷水にとって冷ます。

2 容器にねぎだれの材料を入れて20回ぶんぶんする。耐熱容器に移し、ラップをふんわりとかけて電子レンジで2分加熱する。

3 1の鶏肉をほぐしてボウルに入れ、2、きゅうり、1の袋に残った汁を加えてあえる。

ぶんぶん
20回

使ったのは
640ml
ぶんぶん
チョッパー
900mlは倍量がおすすめ。

チキン南蛮
きゅうりとらっきょうの
タルタル

甘めのらっきょうとさっぱりとしたきゅうりは相性バッチリ!
チキン南蛮のほか、魚のフライなどにも合います。

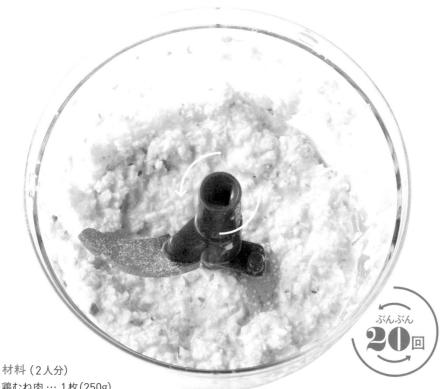

ぶんぶん
20回

材料（2人分）
鶏むね肉 … 1枚(250g)
塩、こしょう … 各少々
小麦粉 … 適量
とき卵 … ½個分
サラダ油 … 適量
ポン酢しょうゆ … 大さじ2〜3

[きゅうりとらっきょうのタルタル]
ゆで卵 … 1個
きゅうり … 20g
らっきょう … 20g
レモン汁 … 小さじ1
マヨネーズ … 大さじ2

使ったのは

640ml
ぶんぶんチョッパー

900mlは倍量がおすすめ。

作り方

1 容器にきゅうりとらっきょうのタルタルの材料を入れて20回ぶんぶんする。

2 鶏肉は厚みが均一になるように包丁で切り込みを入れて開き、全体に塩、こしょうを振る。小麦粉をまぶして余分な粉をはらい、とき卵にくぐらせ、油を熱したフライパンで揚げ焼きにする。

3 香ばしく焼けたら油をきり、熱いうちにポン酢しょうゆをからめ、食べやすいい大きさに切って器に盛る。1をかけ、あればサニーレタスやレモンを添える。

豚肉と小松菜の
さっぱりいため

ねぎ塩レモンだれを使った、さっぱり味のいため物。
たれはチャーハンや魚介料理にもおすすめです。

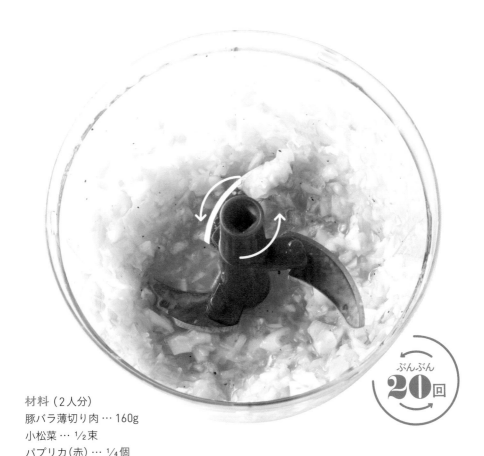

ぶんぶん
20回

材料（2人分）
豚バラ薄切り肉 … 160g
小松菜 … ½束
パプリカ（赤） … ¼個
塩、こしょう … 各少々

[ねぎ塩レモンだれ]
ねぎ … ½本
にんにく … 1かけ
ごま油 … 20㎖
レモン汁 … 小さじ1
鶏ガラスープのもと … 小さじ½
塩 … 小さじ¼
あらびき黒こしょう … 適量

| 使ったのは |

640㎖
ぶんぶんチョッパー

900㎖は倍量がおすすめ。

| 下ごしらえ |
● 豚肉は4〜5㎝幅に切る。
● 小松菜は4〜5㎝長さに切る。
● パプリカは乱切りにする。
● ねぎは1㎝長さに切る。
● にんにくは半分に切る。

作り方

1 容器にねぎ塩レモンだれの材料を入れて20回ぶんぶんする。

2 フライパンに豚肉を広げて塩、こしょうを振り、パプリカを加えて火にかける。途中返して肉がカリッと焼けてパプリカがしんなりしてきたら小松菜を加え、歯ごたえが残る程度にいため、**1**を加えてからめる。

豚しゃぶの
しょうがソースがけ

しょうがの香るソースは
しゃぶしゃぶ肉との相性もバツグン♪
おつまみにはもちろん、夕食の一品にもおすすめです!

材料 (2人分)
豚肩ロース肉 (しゃぶしゃぶ用)
　　　… 150g
レタス、チコリ (赤) … 各適量

[しょうがソース]
玉ねぎ … 1/4 個
にんにく … 1かけ
しょうが … 2かけ
サラダ油 … 大さじ2
しょうゆ、酢 … 各大さじ1
塩 … 小さじ1/4

| 下ごしらえ |
● レタス、チコリは食べやすい大きさ
　にちぎる。
● 玉ねぎは2cm角に切る。
● にんにく、しょうがは半分に切る。

作り方

1 なべに湯を沸かして豚肉をさっとゆで、
色が変わったらとり出して冷ます。

2 容器にしょうがソースの材料を入れて
40回ぶんぶんする。耐熱容器に移し、
ラップをふんわりとかけて電子レンジで
1分加熱する。

3 器にレタスとチコリ、**1**を順に盛り、**2**
をかける。

使ったのは

640ml
ぶんぶんチョッパー

900mlは倍量がおすすめ。

43

油揚げでお好み焼き

キャベツの大量消費に!
生地を油揚げにした簡単&楽しいお好み焼き。
おつまみにもおすすめです。

材料 (2人分)
油揚げ … 2枚
豚バラ薄切り肉 … 50g
キャベツ … 100g
ピザ用チーズ … 適量

[トッピング]
お好みソース、マヨネーズ、
　細ねぎの小口切り、糸とうがらし、
　削り節 … 各適量

| 下ごしらえ |
●豚肉は油揚げの長さ（長辺）に合
　わせて切る。

作り方

1 容器にキャベツを入れて20回ぶん
ぶんする。

2 油揚げの長辺1辺に切り込みを入れ
て袋状にし、豚肉、**1**、チーズ、豚
肉を順に詰める。これを計2個作る。

3 フライパンに**2**を並べて火にかけ、
途中返し、ふたをして焼く。豚肉の
色が変わって油揚げの両面に焼き色
がついたら火を止める。食べやすく
切って器に盛り、お好みソースやマ
ヨネーズなどをトッピングする。

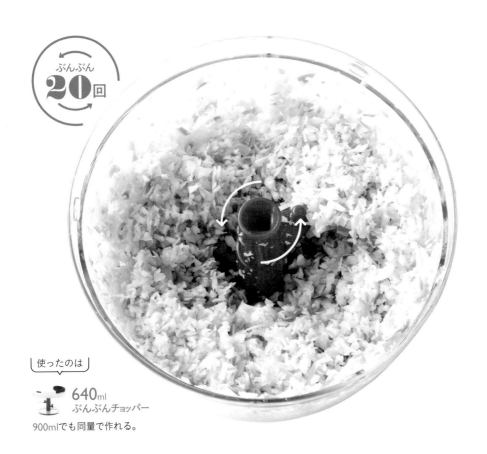

ぶんぶん
20回

| 使ったのは |
640ml
ぶんぶんチョッパー
900mlでも同量で作れる。

45

ポークソテー ジャポネソース

玉ねぎやりんごのすりおろしも
ぶんぶんチョッパーなら、あっという間!
肉や魚、野菜、何にでも使える万能ソースです。

材料（2人分）

豚肩ロース肉(ソテー用) … 2枚
しめじ … 20g
ブロッコリー … 大6房
塩、こしょう、小麦粉 … 各適量
オリーブオイル、サラダ油 … 各少々

[ジャポネソース]

玉ねぎ … 1/2個
りんご … 1/8個
砂糖、みりん、酒、酢、サラダ油
　　… 各大さじ1
にんにく、しょうが … 各1かけ
しょうゆ … 大さじ1 1/2

| 下ごしらえ |

●豚肉は筋を切り、両面に塩、こしょう
　各少々を振る。
●しめじは石づきをとってほぐす。
●ブロッコリーは小さめに切る。
●玉ねぎ、りんごは2㎝角に切る。

作り方

1 容器にジャポネソースの材料を入れて40回ぶんぶんする。フライパンに移し、ひと煮立ちさせて火を止める。

2 耐熱ボウルにしめじとブロッコリーを入れ、ラップをふんわりとかけて電子レンジで1分～1分30秒加熱し、塩、こしょう各少々、オリーブオイルをからめて器に盛る。

3 豚肉に小麦粉をまぶし、油を熱したフライパンに並べ入れ、途中返して両面に焼き色がついたらふたをし、弱火で5分ほど焼いて中まで火を通す。食べやすい大きさに切って**2**の器に盛り、**1**をかける。

ぶんぶん
40回

| 使ったのは |

640ml
ぶんぶんチョッパー

900mlでも同量で作れる。

47

ビーフステーキ
和風おろしソース

ガーリックがきいて、りんごの甘みも感じる
ソースが味の決め手。
ステーキの味がワンランクアップします。
記念日にぜひ。

材料 (2人分)

牛サーロイン肉(ステーキ用)
　… 2枚(500g)
塩、こしょう … 各適量
にんにくの薄切り … 1かけ分
サラダ油 … 適量

[和風おろしソース]

大根 … 50g
りんご … ⅛個
にんにくのすりおろし … 小さじ1
サラダ油 … 25㎖
しょうゆ … 大さじ1

| 下ごしらえ |

● 牛肉は焼く2時間前に冷蔵室から出し、室
　温にもどして両面に塩、こしょうを振る。
● 大根は1㎝厚さのいちょう切りにする。
● りんごは2㎝角に切る。

作り方

1 容器に和風おろしソースの材料を入
れて50回ぶんぶんする。

2 フライパンに油、にんにくを入れて
弱火にかけ、香りが立ったら牛肉を
並べ入れて中火～強火で1分30秒～
2分焼き、返して1分30秒～2分焼
く。とり出してアルミホイルで包み、
5分ほどおく。

3 牛肉を食べやすく切って器に盛り、
1をかけ、あればソテーしたさやい
んげん、ホールコーンを添える。

ぶんぶん
50回

使ったのは

640㎖
ぶんぶんチョッパー

900㎖は倍量がおすすめ。

マーボーどうふ

家にある調味料でできる
野菜もたっぷり入った定番中華。
豆板醤の量はお好みで調整してください。

ぶんぶん
30回

材料（2人分）
木綿どうふ … 300g
豚ひき肉 … 100g

A
ねぎ … 1本
にんじん … 50g
しいたけ … 2個
にんにく、しょうが … 各1かけ

B
水 … 200㎖
鶏ガラスープのもと、酒、しょうゆ
　　… 各大さじ1
豆板醤 … 小さじ1

C｜かたくり粉、水 … 各大さじ1
ごま油 … 適量

使ったのは

640㎖
ぶんぶんチョッパー
900㎖でも同量で作れる。

| 下ごしらえ |

● とうふは2㎝角に切る。
● ねぎは1㎝長さに切る。
● にんじんは1㎝厚さの半月切りにする。
● しいたけは石づきをとって半分に切る。
● にんにく、しょうがは半分に切る。

作り方

1｜容器にAを入れて30回ぶんぶんする。

2｜フライパンにごま油を熱し、**1**をいためる。しんなりしてきたら、ひき肉を加えてほぐしため、肉の色が変わったら**B**を加える。

3｜煮立ったら**C**の水どきかたくり粉を加えてまぜ（とろみが強い場合は水50㎖を足す）、とうふを加えて軽く煮る。

カリカリ肉だんご

外はカリッと香ばしく、中はふんわり。
おやつ感覚でパクパク食べられます。お弁当にも◎。

ぶんぶん
10回

ひき肉とAを加えて

ぶんぶん
25回

材料（2人分）
豚ひき肉 … 150g
玉ねぎ … ¼個
しょうが … ½かけ

A
とき卵 … ½個分
ごま油、酒 … 各大さじ½
みそ … 小さじ1
砂糖、しょうゆ … 各小さじ½
塩、こしょう … 各適量
パン粉 … 10g

揚げ油 … 適量

| 下ごしらえ |
● 玉ねぎは2cm角に切る。

作り方

1 容器に玉ねぎ、しょうがを入れて10回ぶんぶんし、ひき肉とAを加えてさらに25回ぶんぶんする。

2 8等分して丸め、170〜180度に熱した揚げ油で香ばしく揚げる。油をきって器に盛り、あればいり白ごまを振る。

| 使ったのは |

640ml
ぶんぶんチョッパー

900mlは倍量がおすすめ。

厚揚げバーグ
きのこソース

厚揚げがつなぎになるので、パン粉や牛乳は必要なし。
かさ増しにもなってヘルシー。ソースもぶんぶんで楽ちん。
きのこソースは焼きもちやとうふ、肉にも合います。

材料 (2人分)
厚揚げ … 100g
玉ねぎ … ¼個
にんにく … 2かけ

A
合いびき肉 … 150g
あらびき黒こしょう … 適量
塩 … 小さじ¼

サラダ油 … 適量

[きのこソース]

B
きのこ
（えのきだけ、エリンギ、しめじなど）
　… 合わせて75g
にんにく … 1かけ
ねぎ … ¼本

C
しょうゆ … 大さじ1
ごま油 … 大さじ½
砂糖 … 小さじ½

| 下ごしらえ |
● 厚揚げ、玉ねぎは2cm角に切る。
● にんにくはそれぞれ半分に切る。
● きのこは石づきをとってあらくほぐす。
● ねぎは1cm長さに切る。

厚揚げバーグ

作り方

1 容器に玉ねぎとにんにくを入れて20回ぶんぶんし、厚揚げを加えてさらに20回ぶんぶんする。

\厚揚げを加えて/

2 ボウルに移し、Aを加えてよくこね、2等分して小判形にととのえる。油を熱したフライパンに並べ入れ、焼き色がついたら返してふたをし、中まで火を通す。

3 ソースを作る。容器にBを入れて30回ぶんぶんする。耐熱ボウルに移し、Cを加えてまぜ、ラップをふんわりかけて電子レンジで3分加熱する。

4 器に2を盛って3をかけ、あればベビーリーフや貝割れ菜、パプリカなどを添える。

きのこソース

使ったのは

640ml
ぶんぶんチョッパー

900mlでも同量で作れる。

オートミールナゲット

食物繊維が豊富で栄養価の高い
オートミールを使ってナゲットに。
とうふも入って、外はカリッ! 中はふわふわ!

材料（2人分）

オートミール … 30g

鶏ひき肉 … 150g

絹ごしどうふ … 150g

A
卵 … 1個
塩、こしょう … 各適量
顆粒スープ（コンソメ）… 小さじ1

揚げ油 … 適量

トマトケチャップ … 適量

| 下ごしらえ |

● とうふは3cm角に切る。

作り方

1 容器にオートミール、とうふ、Aを入れて20回ぶんぶんする。ボウルに移し、ひき肉を加えてまぜ合わせる。

2 揚げ油を180度に熱し、1をスプーンで1杯ずつすくって入れ（8〜10個できる）、途中返しながらこんがり揚げる。器に盛り、ケチャップを添える。

ぶんぶん
20回

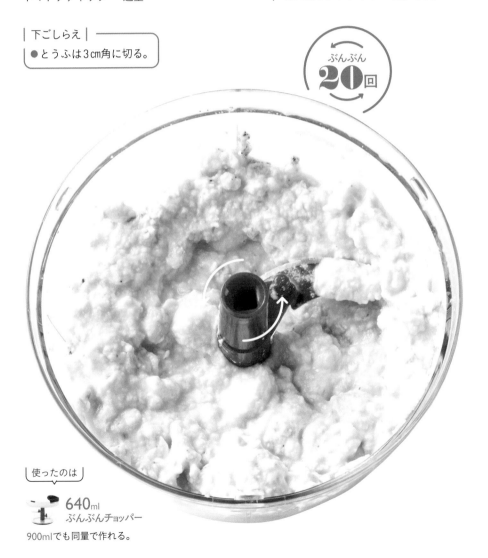

| 使ったのは |

640ml
ぶんぶんチョッパー

900mlでも同量で作れる。

ぶんぶんギョーザ

ギョーザの具はぶんぶんでできるから簡単＆楽ちん。
ひき肉もいっしょにまぜると
ふんわりジューシーに仕上がります。

ぶんぶん
35回

材料（2人分）

豚ひき肉 … 100g
キャベツ … 30g
にら … 30g
ギョーザの皮 … 16枚
A しょうが … 1かけ
　 塩、こしょう … 各適量
　 酒、ごま油 … 各小さじ½
B 小麦粉 … 小さじ1
　 水 … 大さじ2
サラダ油 … 適量
酢じょうゆ … 適量

| 使ったのは |

640ml
ぶんぶんチョッパー

900mlは倍量がおすすめ。

| 下ごしらえ |
● キャベツは4㎝角に切る。
● にらは3㎝長さに切る。

作り方

1 容器にひき肉、キャベツ、にら、Aを入れて35回ぶんぶんする。

2 ギョーザの皮1枚に**1**の1/16量（小さじ1強）をのせてふちに水を塗り、折り合わせてひだを作る。同様に計16個作る。

3 フライパンに油を熱し、**2**を並べ入れる。焼き色がついたら、まぜた**B**を回し入れ、ふたをして5分蒸し焼きにし、ふたをはずして水分がなくなるまで焼く。器に盛り、酢じょうゆを添える。

キャベツシューマイ

ぶんぶんしたキャベツをシューマイの皮がわりに。
シャキシャキッと新食感で、やさしい味です。

材料（2人分）

豚ひき肉 … 100g

キャベツ … 70g

玉ねぎ … ¼個

しょうが … 1かけ

A
かたくり粉、酒 … 各大さじ1
しょうゆ … 大さじ½
ごま油 … 小さじ1
砂糖 … 小さじ½
塩、こしょう … 各適量

| 下ごしらえ |

● キャベツは4cm角に切る。
● 玉ねぎは2cm角に切る。
● しょうがは半分に切る。

作り方

1 容器にキャベツを入れて20回ぶんぶんし、ボウルに移す。

2 続けて容器に玉ねぎ、しょうがを入れて35回ぶんぶんし、別のボウルに移し、ひき肉とAを加えてねりまぜる。6等分して丸め、表面全体に1をまぶす。

3 フライパンにクッキングシートをフライパンからはみ出さないように敷いて（p.62）2をのせ、シートの下に水100mℓを注いでふたをし、沸騰したら弱火〜中火で10分ほど蒸し焼きにする。器に盛り、お好みで酢じょうゆを添える。

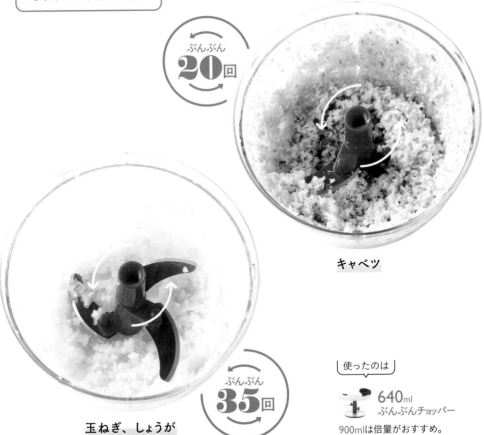

ぶんぶん
20回

キャベツ

ぶんぶん
35回

玉ねぎ、しょうが

| 使ったのは |

640mℓ
ぶんぶんチョッパー

900mℓは倍量がおすすめ。

キムチマンドゥ

具材がたくさん入った
うまみと栄養満点の韓国ギョーザ。
つるんとした食感でおつまみにも最適。
お好みでキムチを足しても◎。

ぶんぶん
30回

材料（2人分）
白菜キムチ … 30g
豚ひき肉 … 100g

A
木綿どうふ … 50g
もやし … 30g
にんにく、しょうが … 各1かけ
ねぎ … 20g
にら … 10g
しいたけ … 1個
はるさめ … 10g

B
ごま油 … 小さじ1
しょうゆ、鶏ガラスープのもと
　… 各小さじ1/2
塩、こしょう … 各適量
ギョーザの皮 … 16枚

| 使ったのは |

900ml
ぶんぶんチョッパー
640mlは2回に分けて
ぶんぶんする。

| 下ごしらえ |
● とうふはしっかり水きりする。
● にんにく、しょうがは半分に切る。
● ねぎは1cm長さに切る。
● にらは3cm長さに切る。
● しいたけは石づきをとって半分に切る。
● はるさめはゆでて5cm長さに切る。

作り方

1 容器にキムチとAを入れて30回ぶんぶんする。ボウルに移し、ひき肉、Bを加えてねりまぜる。

2 ギョーザの皮1枚に1の1/16量（小さじ1強）をのせ、ふちに水を塗って折り合わせて閉じ、両端をくっつける。同様に計16個作る。

3 フライパンにクッキングシートをフライパンからはみ出さないように敷いて（p.62）2をのせ、シートの下に水100mlを注いでふたをし、沸騰したら弱火〜中火で10分ほど蒸し焼きにする。

えびと青じその
はんぺんボール

はんぺんが入って、驚くほどふわっふわ！
青じそのさわやかな香りがマッチして
ペロリと食べられます。

材料（2人分）
むきえび … 100g
青じそ … 5枚
はんぺん … 大1枚(120g)
A｜かたくり粉、酒、マヨネーズ
　　… 各大さじ1
揚げ油 … 適量

| 下ごしらえ |
●青じそ、はんぺんは2cm角に切る。

作り方

1 容器に青じそを入れて20回ぶんぶんし、えび、はんぺん、**A**を加えてさらに30回ぶんぶんする。

2 1を12等分して丸め、170度に熱した揚げ油に入れ、途中転がしながら中まで火が通るまで揚げる。あれば青じそを敷いた器に盛る。

ぶんぶん
20回

＼えび、はんぺん、Aを加えて／

ぶんぶん
30回

| 使ったのは |

900ml
ぶんぶんチョッパー
640mlは2回に分けて
ぶんぶんする。

65

魚のソテー
ピリ辛ごまソース

香味野菜にねりごまや豆板醤を合わせた
中華風ソースはクセになる味!
魚はもちろん、肉や野菜にかけてもおいしいです。

ぶんぶん
25回

材料 (2人分)
魚 (さわらなど) … 2切れ
豆苗 … 1袋
塩、こしょう … 各適量
かたくり粉 … 適量
ごま油 … 小さじ1
サラダ油 … 大さじ2

[ピリ辛ごまソース]
ねぎ … ½本
にんにく、しょうが … 各1かけ
しょうゆ、サラダ油 … 各大さじ2
ねり白ごま、トマトケチャップ、酢、砂糖、
　ごま油 … 各大さじ½
ラー油、豆板醤 … 各小さじ1

| 使ったのは |

640ml
ぶんぶんチョッパー

900mlでも同量で作れる。

| 下ごしらえ |

● 魚は3等分に切り、両面に塩、こしょうを
　軽く振る。
● 豆苗は長さを半分に切る。
● ねぎは1cm長さに切る。
● にんにく、しょうがは半分に切る。

作り方

1 容器にピリ辛ごまソースの材料を入れ
て25回ぶんぶんする。耐熱容器に移
してラップをふんわりとかけ、電子レ
ンジで2分加熱する。

2 フライパンにごま油を熱して豆苗をさ
っといため、塩少々を振って器に盛る。

3 続けてフライパンにサラダ油を熱し、
魚の表面全体にかたくり粉をまぶし、
皮目を下にして並べ入れる。両面が
こんがり色づくまで焼けたら2の上に盛
り、1をかける。

えびシューマイ

ふわっふわのえびシューマイがレンジで
簡単にできちゃいます。
えびを2回に分けて加えてぶんぶんし、
プリプリ食感を残すのがポイント!

材料 (2人分)
むきえび … 150g
はんぺん … ½枚 (45g)
玉ねぎ … ¼個
A 酒、しょうゆ、砂糖、ごま油
　　… 各小さじ½
　かたくり粉 … 大さじ1
シューマイの皮 … 12枚
キャベツ … 2〜3枚

| 下ごしらえ |
● はんぺん、玉ねぎは2cm角に切る。

作り方

1 容器にえびの半量、はんぺん、玉ねぎ、Aを入れて25回ぶんぶんし、残りのえびを加えて10回ぶんぶんする（えびのゴロゴロ感を残す）。

2 シューマイの皮に1の¹⁄₁₂量（小さじ2くらい）をのせて包む。

3 耐熱皿にキャベツを敷き、2をくっつかないように並べて水大さじ1を振る。クッキングシートをのせ、ラップをふんわりとかけて電子レンジで5分加熱し、そのまま余熱で2分おく。器に盛り、お好みで酢じょうゆを添える。

ぶんぶん
25回

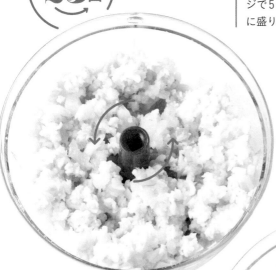

＼残りのえびを加えて／

ぶんぶん
10回

| 使ったのは |

640ml
ぶんぶんチョッパー
900mlは倍量がおすすめ。

いわしのつみれ揚げ

面倒な魚料理の下ごしらえも
ぶんぶんがあれば楽々。
根菜も加えた、食感も楽しいつみれです。お弁当にも!

ぶんぶん
60回

材料（2人分）
真いわし（三枚おろし）… 150g
にんじん、ごぼう … 各20g
しょうが … 2かけ
しいたけ … 2個
A ┤ 小麦粉 … 大さじ1
　　とき卵 … ½個分
　　みそ … 小さじ1
揚げ油 … 適量

| 下ごしらえ |

- いわしは尾を切り落とし、5㎝長さに切る。
- にんじんは1㎝厚さの半月切りにする。
- ごぼうは1㎝長さに切って水にさらす。
- しょうがは半分に切る。
- しいたけは石づきをとって半分に切る。

作り方

1 容器にいわし、にんじん、ごぼう、しょうが、しいたけ、**A**を入れて60回ぶんぶんする。

2 揚げ油を180度に熱し、**1**を6等分してスプーンですくい、そっと入れる。しばらくおいて固まってきたら返し、全体をこんがりと揚げる。あれば青じそを敷いた器に盛る。

| 使ったのは |

640ml
ぶんぶんチョッパー

900mlは倍量がおすすめ。

えび卵コロッケ

プリプリのえびに卵コロッケをまとわせて揚げました♪
食べごたえ満点。お好みのソースでどうぞ。

材料 (2人分)

えび … 8尾

じゃがいも … 1個

A ┃ ゆで卵 … 2個
　┃ マヨネーズ … 大さじ2
　┃ 塩、こしょう … 各適量

天ぷら粉、パン粉 … 各適量

揚げ油 … 適量

好みのソース … 適量

| 下ごしらえ |

● えびは背わたをとり、腹に沿って切り込みを入れて開く。

● じゃがいもは2cm角に切る。

作り方

1 耐熱容器にじゃがいもを入れ、ラップをふんわりとかけて電子レンジで4分加熱する。あら熱をとって容器に移し、Aを加えて40回ぶんぶんする。

2 えび1尾の表面全体に天ぷら粉を薄くまぶし、1の1/8量で包む。同様に計8個作る。

3 水適量でといた天ぷら粉、パン粉の順に衣をつけ、170〜180度に熱した揚げ油で全体がきつね色になるまで揚げる。器に盛り、ソースと、あればフリルレタスやレモンを添える。

| 使ったのは |

640ml
ぶんぶん**チョッパー**

900mlでも同量で作れる。

ぶんぶん
40回

シャクシュカ

イスラエルの定番料理シャクシュカもぶんぶんで！
半熟卵をくずしながら食べてください。
パンと合わせても◎。

ぶんぶん
20回

材料（2人分）
卵 … 2個
玉ねぎ … ½個
にんじん … 20g
にんにく … 1かけ
ベーコン … 3枚

A
カットトマト缶
　　… ½缶（200g）
顆粒スープ（コンソメ）
　　… 小さじ1
塩、こしょう、クミンパウダー
　　… 各適量

オリーブオイル … 大さじ1

| 下ごしらえ |

●玉ねぎは2cm角に切る。
●にんじんは1cm厚さの半月切りにする。
●にんにくは半分に切る。
●ベーコンは1cm幅に切る。

作り方

1 容器に玉ねぎ、にんじん、にんにく、ベーコンを入れて20回ぶんぶんする。

2 フライパンにオリーブオイルを熱し、1をいためる。玉ねぎが透き通ってきたらAを加えてまぜ、ふたをして弱火で5分ほど煮る。

3 卵を割り入れて再びふたをし、半熟くらいまで火を通す。

| 使ったのは |

640ml
ぶんぶんチョッパー

900mlでも同量で作れる。

ミニお好み焼き

子どもの集まりやお弁当のおかず、おつまみにも！
ホットプレートでワイワイ焼いても楽しい。
焼いたあと冷凍保存もできます。

材料（2人分）

キャベツ … 150g

A
卵 … 1個
水 … 80mℓ
薄力粉 … 70g
和風だしのもと … 小さじ1

天かす … 20g
ホールコーン … 30g
サラダ油 … 適量

[トッピング]

お好みソース、マヨネーズ、削り節、
青のり、紅しょうが … 各適量

| 下ごしらえ |

● キャベツは4㎝角に切る。

作り方

1 容器にキャベツを入れて15回ぶんぶんし、Aを加えて全体がまざるまでさらに15回ぶんぶんする。

2 刃をとり出して天かすとコーンを加え、軽くまぜ合わせる。

3 フライパンに油を熱し、スプーンで**2**を¹⁄₁₀量ずつ流し入れ、途中返しながら両面香ばしく焼く。器に盛り、お好みソースなどをトッピングする。

\Aを加えて/

ぶんぶん
15回

ぶんぶん
15回

使ったのは

900mℓ
ぶんぶんチョッパー

640mℓは2回に分けて
ぶんぶんする。

玉ねぎのチーズチヂミ

ぶんぶんしたら焼くだけ!
玉ねぎの甘みが引き立つ、もっちもちのチヂミです。
新玉ねぎで作ると、甘みがよりきわ立ちます。

材料（2人分）
玉ねぎ … 1個
A かたくり粉 … 40g
塩 … 2つまみ
ピザ用チーズ … 50g
ごま油 … 適量
B ポン酢しょうゆ … 大さじ1
豆板醤 … 小さじ½
にんにくのすりおろし … 少々

作り方

1 容器に玉ねぎを入れて10回ぶんぶんし、Aを加えてさらに15回ぶんぶんする。

2 刃をとり出してチーズを加え、まぜ合わせる。ごま油を熱したフライパンに入れて平らにし、焼き色がついたら返し、ふたをして5分ほど焼く。食べやすく切って器に盛り、Bをまぜたたれを添える。

| 下ごしらえ |
● 玉ねぎは2cm角に切る。

ぶんぶん
10回

＼Aを加えて／

ぶんぶん
15回

使ったのは

900ml
ぶんぶんチョッパー
640mlは2回に分けて
ぶんぶんする。

材料も少なくてお手軽! 外はカリッと、中はホクホク。
おかずはもちろん、おやつにもおすすめです。

じゃがいものガレット

材料 (2人分)

じゃがいも … 2個	塩 … 小さじ½
ピザ用チーズ … 50g	サラダ油 … 適量

| 下ごしらえ |

● じゃがいもは2cm角に切る。

作り方

1 容器にじゃがいも、チーズ、塩を入れて25回ぶんぶんする。

2 フライパンに油を熱し、1を入れて平らにする。焼き色がついたらいったん火を止めて皿をかぶせ、フライパンごとひっくり返す。スライドしてフライパンに戻し入れ、ふたをして火にかけ、しっかり焼く。食べやすく切って器に盛る。

ぶんぶん
25回

| 使ったのは |

900ml ぶんぶんチョッパー
640mlは2回に分けてぶんぶんする。

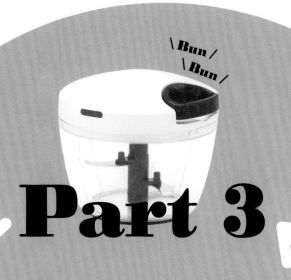

\ Bun /
\ Bun /

Part 3

ぶんぶんチョッパーで
ボリューム主食が
できちゃった！

チャーハンやジャージャンめん、
ミートソースの具など、みじん切りが大変な
料理も、ぶんぶんチョッパーがあれば楽々。
長いものすりおろしにも使えるので
そばやごはんにかけて楽しめます。

ジャンバラヤ

炊飯器を使った、スパイシーなお手軽ジャンバラヤ。
面倒なみじん切りはぶんぶんにおまかせ。
一皿でおなかいっぱいになります！

材料（2人分）

米 … 180㎖（1合）

鶏もも肉 … 1枚（250g）

A
| 玉ねぎ … ½個
| ピーマン … 1個
| パプリカ（赤）… ¼個
| トマト … ½個
| にんにく … 1かけ

B
| チリパウダー … 適量
| 塩、こしょう … 各適量

C
| 塩 … 小さじ¼
| カレー粉 … 小さじ2

顆粒スープ（コンソメ）… 小さじ1

サラダ油 … 大さじ1

| 下ごしらえ |

● 米は洗って水けをきる。

● 鶏肉は厚みが均一になるよう包丁で切り込みを入れて開き、全体に**B**を振る。

● 玉ねぎ、ピーマン、パプリカ、トマトは2cm角に切る。

● にんにくは半分に切る。

作り方

1 容器に**A**を入れて40回ぶんぶんする

2 フライパンに油を熱し、鶏肉を皮目から焼く。カリッとして香ばしい焼き色がついたら返し、ふたをして弱火で蒸し焼きにする。しっかり中まで火が通ったらとり出す。

3 続けてフライパンに**1**を入れて中火で軽くいため、油がなじんだら米と**C**を加えてさらにいためる。米が透き通ってきたら炊飯器の内釜に移し、顆粒スープを加え、水を1の目盛りの少し下まで加えて軽くまぜ、ふつうに炊く。

4 炊き上がったらまぜて器に盛り、**2**を食べやすく切ってのせる。

使ったのは
640㎖
ぶんぶんチョッパー
900㎖でも同量で作れる。

Part 3

主食
ごはん

炊飯器で チャーハン

野菜をぶんぶんしたら
あとは米や肉とともに炊飯器に入れて炊くだけ。
フライパンより手軽にパラパラチャーハンができ上がります。

ぶんぶん
20回

材料（作りやすい分量／約4人分）
米 … 360㎖（2合）
豚バラ薄切り肉 … 100g

A
ピーマン … 1個
にんじん … 20g
ねぎ … ½本
にんにく、しょうが … 各1かけ

卵 … 2個

B
鶏ガラスープのもと、ごま油
　… 各小さじ2
しょうゆ … 大さじ1
塩、こしょう … 各適量

| 下ごしらえ |

● 豚肉は1㎝幅に切る。
● ピーマンは2㎝角に切る。
● にんじんは1㎝厚さの半月切りにする。
● ねぎは1㎝長さに切る。
● にんにく、しょうがは半分に切る。

作り方

1 容器にAを入れて20回ぶんぶんする。

2 炊飯器の内釜に米（洗わない）とBを入れ、2の目盛りまで水を加えてまぜる。1と豚肉をのせてふつうに炊く。

3 卵はときほぐし、ごはんが炊き上がったらすぐに回し入れる。ふたをして卵が固まるまで10分ほど蒸らし、ほぐしながらまぜ合わせる。

| 使ったのは |

640㎖
ぶんぶんチョッパー

900mlは倍量がおすすめ。

85

カオマンガイ

米に鶏肉をのせて、炊飯器でうまみのしみたごはんを炊きます。
その間にぶんぶんでたれを作って完成!

材料（2人分）
米 … 180㎖（1合）
鶏もも肉 … 小1枚（200g）
ねぎ（青い部分）… 1本分

A
　にんにくのすりおろし、
　しょうがのすりおろし
　… 各少々
　鶏ガラスープのもと
　… 小さじ1

[甘辛だれ]
ねぎ … ½本
しょうが … 1かけ
水 … 小さじ2
しょうゆ、オイスターソース、砂糖
　… 各小さじ1
ナンプラー、コチュジャン、ごま油
　… 各小さじ½

| 下ごしらえ |
●米は洗ってざるに上げる。
●たれのねぎは1㎝長さに切る。
●たれのしょうがは半分に切る。

作り方

1 炊飯器の内釜に米とAを入れ、1の目
盛りの少し下まで水を加えて軽くまぜ
る。鶏肉を皮目を下にしてのせ、ねぎ
をのせてふつうに炊く。

2 容器に甘辛だれの材料を入れて15回
ぶんぶんする。

3 ごはんが炊き上がったら鶏肉をとり出
して食べやすい大きさに切り、ごはん
をまぜる。器にごはん、鶏肉を盛り、
あればトマト、パクチーを添える。食
べる直前に2をかける。

ぶんぶん
15回

| 使ったのは |

640㎖
ぶんぶんチョッパー
900㎖は倍量がおすすめ。

カリカリ梅のチャーハン

カリカリ小梅が入った、さっぱり味の和風チャーハン。
食感が楽しく、ほどよい酸味が食欲をそそります!

ぶんぶん
10回

材料（2人分）
あたたかいごはん … 300g
カリカリ小梅 … 30g
ねぎ … ½本
卵 … 1個
しらす干し … 30g
芽ひじき（生、またはもどしたもの）
　　… 10g
和風だしのもと … 小さじ1
しょうゆ … 大さじ½
塩、こしょう … 各少々
サラダ油 … 適量
青じそ … 3枚

| 使ったのは |

640ml
ぶんぶんチョッパー
900mlは倍量がおすすめ。

| 下ごしらえ |
●小梅は種を除く。
●ねぎは1cm長さに切る。
●卵は割りほぐす。

作り方

1 容器に小梅とねぎを入れて10回ぶんぶんする。

2 フライパンに油を熱し、1としらす、ひじきをいためる。ねぎがしんなりしたら、ごはん、とき卵を加えてほぐしながらいため合わせる。

和風だしのもとを加えてさらにいため合わせ、なべ肌からしょうゆを加えていためる。味をみて塩、こしょうでととのえる。器に盛り、ちぎった青じそをのせる。

とろろそば

ぶんぶんなら、とろろ作りもツルツルすべらず簡単!
好みでゴロゴロ食感を残してもおいしいです。

材料（2人分）
長いも … 100g
A 水 … 600ml
白だし … 大さじ3
しょうゆ … 小さじ2
そば(乾) … 200g
卵黄 … 2個分
細ねぎの小口切り … 適量

| 下ごしらえ |
●長いもは2cm角に切る。

作り方

1 容器に長いもを入れて30回ぶんぶんする。

2 なべに湯を沸かし、そばを袋の表示どおりにゆでてざるに上げる。

3 小なべにAを入れて火にかけ、煮立ったら器に注ぐ。2を加えて1をかけ、真ん中に卵黄をのせて細ねぎを散らす。

ぶんぶん
30回

使ったのは
900ml
ぶんぶんチョッパー
640mlでも同量で作れる。

ピリ辛つけそば

暑い日でもペロッと食べられる
具だくさんのつけめん。
つゆはラーメンやそうめんにもよく合います。

ぶんぶん
20回

材料（2人分）

豚バラ薄切り肉 … 50g

A
ねぎ … ½本
にんにく、しょうが … 各2かけ
しいたけ … 2個
赤とうがらし … 1〜2本

B
水 … 200㎖
めんつゆ（3倍濃縮）… 80㎖
砂糖 … 小さじ2

サラダ油 … 少々
ゆでそば … 2玉

| 下ごしらえ |
- ●豚肉は1cm幅に切る。
- ●ねぎは1cm長さに切る。
- ●にんにく、しょうがは半分に切る。
- ●しいたけは石づきをとって半分に切る。
- ●赤とうがらしは種を除く。

作り方

1 容器にAを入れて20回ぶんぶんする。

2 なべに油を熱して豚肉をいため、肉の色が変わったら1を加えてさらにいため、ねぎがしんなりしたらBを加える。煮立ったら器に盛り、そばを添える。

| 使ったのは |

640㎖
ぶんぶんチョッパー

900㎖でも同量で作れる。

しょうがたっぷり
焼きうどん

面倒な香味野菜のみじん切りは
ぶんぶんにおまかせ。
野菜はピーマンやにらなど
冷蔵室にある食材で楽しんで。

ぶんぶん
20回

材料 (2人分)
ゆでうどん … 2玉
しょうが … 2かけ
にんにく … 1かけ
豚バラ薄切り肉 … 100g
ねぎ … ½本
にんじん … ¼本
キャベツ … 50g

A
酒 … 大さじ2
砂糖 … 小さじ2
鶏ガラスープのもと
　　 … 小さじ1

薄口しょうゆ … 小さじ2
ごま油 … 適量

| 使ったのは |

640ml
ぶんぶんチョッパー
900mlは倍量がおすすめ。

| 下ごしらえ |

● しょうが、にんにくは半分に切る。
● 豚肉は1cm幅に切る。
● ねぎは斜め薄切りにする。
● にんじんは4cm長さの短冊切りにする。
● キャベツは3cm角に切る。

作り方

1 容器にしょうがとにんにくを入れて20回ぶんぶんする。

2 フライパンにごま油を熱し、1をいためる。香りが立ったら豚肉を加えていため、肉の色が変わったらねぎ、にんじん、キャベツを加えてさらにいためる。

3 野菜がしんなりしてきたらAを加えてなじませ、うどんを加えていため合わせる。なべ肌から薄口しょうゆを加えていためる。

ミニカップそうめん

1人分ずつカップに入れたおしゃれそうめん。
汁なしでのびにくいので、パーティーの前菜のほか
運動会やピクニックのお弁当にもおすすめ。

材料（2人分）
オクラ … 5本
青じそ … 5枚
A│ ポン酢しょうゆ、めんつゆ
　│ （3倍濃縮）… 各大さじ1
ミニトマト … 3個
そうめん … 1束(50g)

│ 下ごしらえ │
● オクラは半分に切る。
● 青じそは2cm角に切る。

作り方

1 なべに湯を沸かし、そうめんを袋の表示どおりにゆで、冷水で締めてざるに上げる。

2 耐熱皿にオクラをのせてラップをふんわりとかけ、電子レンジで1分加熱する。あら熱をとって容器に移し、青じそとAを加えて20回ぶんぶんする。

3 カップに1を入れて2をかけ、半分に切ったミニトマトをのせる。

ぶんぶん
20回

│ 使ったのは │

640ml
ぶんぶんチョッパー
900mlでも同量で作れる。

97

ジャージャンめん

とろりとした甘辛肉あんが、めんにからんで食欲を刺激!
好みでラー油をかけてもおいしいです。

材料（2人分）

合いびき肉 … 150g

A
| ゆでたけのこ … 40g
| しいたけ … 2個
| ねぎ … ⅔本
| にんにく、しょうが
| … 各2かけ

B
| 水 … 150mℓ
| 酒 … 大さじ2
| しょうゆ、テンメンジャン
| … 各大さじ1
| 鶏がらスープのもと、豆板醤
| … 各小さじ½

水どきかたくり粉 … 適量
ごま油 … 適量
中華生めん … 2玉

| 下ごしらえ |

● たけのこは2cm角に切る。
● しいたけは石づきをとって半分に切る。
● ねぎは1cm長さに切る。
● にんにく、しょうがは半分に切る。

作り方

1 なべに湯を沸かし、中華めんを袋の表示どおりにゆでてざるに上げ、ごま油少々であえる。

2 容器にAを入れて20回ぶんぶんする。

3 フライパンにごま油小さじ1を熱してひき肉をほぐしいため、肉の色が変わったら2を加えていため合わせる。ねぎがしんなりしてきたらBを加えて軽くまぜ、ふたをして5分ほど煮る。水どきかたくり粉を加えまぜ、とろみをつける。

4 器に1を盛って3をかけ、あればしらがねぎをのせる。

ぶんぶん
20回

| 使ったのは |

640ml
ぶんぶん**チョッパー**

900mlでも同量で作れる。

99

トマトのつけめん

豚肉も入ったピリ辛のトマトだれはクセになる味。
にんにくとしょうがの風味が食欲をそそります!

材料（2人分）
豚バラ薄切り肉 … 50g
ミニトマト … 5個
にんにく、しょうが … 各1かけ
赤とうがらし … 1本

A
水 … 200㎖
めんつゆ（3倍濃縮）… 80㎖
酢 … 大さじ1
豆板醤 … 小さじ½

中華生めん … 2玉
いり白ごま … 適量
ごま油 … 適量

| 下ごしらえ |
- 豚肉は1cm幅に切る。
- ミニトマトは半分に切る。
- にんにく、しょうがは半分に切る。
- 赤とうがらしは種を除く。

ぶんぶん
20回

作り方

1 なべに湯を沸かし、中華めんを袋の表示どおりにゆでてざるに上げる。

2 容器ににんにく、しょうが、赤とうがらしを入れて20回ぶんぶんし、ミニトマトを加えてさらに20回ぶんぶんする。

3 フライパンにごま油を熱して**2**をいため、香りが立ったら豚肉を加えていためる。肉の色が変わったら**A**を加え、ひと煮立ちしたらごまを加えて火を止める。器に盛り、**1**を添える。

| ミニトマトを加えて |

ぶんぶん
20回

| 使ったのは |

640㎖
ぶんぶんチョッパー

900㎖は倍量がおすすめ。

スパゲッティミートソース

野菜のみじん切りをたっぷり加えるのが
うまみアップのコツ。
ぶんぶんチョッパーがあれば、とても簡単です!

ぶんぶん
40回

材料（2人分）
スパゲッティ … 160g
合いびき肉 … 150g

A
玉ねぎ … 1個
にんじん … ¼本
しいたけ … 2個
にんにく … 1かけ

塩 … 適量
小麦粉 … 小さじ1

B
ホールトマト缶 … ½缶（200g）
水 … 100mℓ
トマトケチャップ、ウスターソース
　… 各大さじ1
顆粒スープ（コンソメ）… 小さじ2
砂糖 … 小さじ1
塩 … 小さじ½

オリーブオイル … 大さじ1

| 使ったのは |

 640mℓ
ぶんぶんチョッパー
900mlでも同量で作れる。

| 下ごしらえ |
●玉ねぎは2cm角に切る。
●にんじんは1cm厚さの半月切りにする。
●しいたけは石づきをとって半分に切る。
●にんにくは半分に切る。

作り方

1 なべに湯を沸かして塩をとかし、スパゲッティを袋の表示どおりにゆで、ざるに上げて器に盛る。

2 容器にAを入れて40回ぶんぶんする。

3 フライパンにオリーブオイルを熱し、2をいためる。野菜がしんなりしてきたらひき肉を加えてほぐしいため、肉の色が変わったら小麦粉を振り入れてまぜる。全体がなじんだらBを加え、5分ほど煮込んで1にかける。

粒マスタード入りでトマトの甘みが引き立つタルタル。
パンとの相性もバツグンです!

トマトタルタルの
オープンサンド

ぶんぶん
20回

材料(2人分)

A
ミニトマト … 3個
ゆで卵 … 1個
マヨネーズ … 大さじ2
粒マスタード … 小さじ1
塩、こしょう … 各適量

バゲット … 12cm

作り方

1 容器にAを入れて20回ぶんぶんする。

2 バゲットは横半分に切ってオーブントースターでこんがりと焼き、1をのせ、あればパセリを振る。

使ったのは

  **640**ml
ぶんぶん**チョッパー**

900mlは倍量がおすすめ。

ゆで卵やじゃがいもも入ってボリューム満点。
あらびき黒こしょうたっぷりがおすすめ！

アボカドサンド

材料（2人分）

アボカド … ½個

じゃがいも … 30g

A
ゆで卵 … 1個
マヨネーズ … 大さじ2
カレー粉 … 小さじ½
あらびき黒こしょう … 適量

バゲット … 6cm

フリルレタス … 適量

トマトの輪切り … 2切れ

| 下ごしらえ |

● じゃがいもは2cm角に切る。
● アボカドは2cm角に切り、
　あればレモン汁をかける。
● バゲットは半分に切り、真
　ん中に切り込みを入れる。

使ったのは

640ml
ぶんぶんチョッパー
900mlでも同量で作れる。

作り方

1 耐熱皿にじゃがいもを入れ、ラップをふんわりとかけて電子レンジで1分加熱し、あら熱をとる。

2 容器に1とAを入れて10回ぶんぶんし、アボカドを加えてさらに10回ぶんぶんする。

3 バゲットにレタス、トマト、2をはさむ。

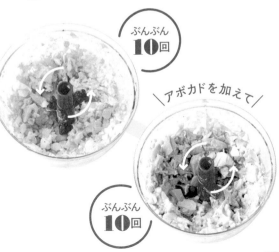

ぶんぶん
10回

アボカドを加えて

ぶんぶん
10回

フレッシュないちごで作る絶品いちごバター。
とろっとして甘ずっぱい、幸せの味です♪

いちごバタートースト

材料 (作りやすい分量／約4人分)

A
いちご … 80g	バター … 50g
グラニュー糖 … 30g	食パン(6枚切り) … 適量
レモン汁 … 小さじ1	いちごの輪切り … 適量

| 下ごしらえ |
●Aのいちごは半分に切る。

作り方

1 容器にAを入れて15回ぶんぶんする。深さ
のある耐熱容器に移してラップをふんわりと
かけ、電子レンジで3分加熱する。とり出し
てアクをとり、再びラップをかけて2分加熱
し、軽くまぜてあら熱をとる。

2 別の耐熱容器にバターを入れ、ラップをふん
わりとかけてレンジで30秒加熱し、**1**に数回
に分けて加えまぜる。

3 食パンに**2**を塗り、いちごをのせる。

ぶんぶん
15回

\ Bun /
\ Bun /

Part 4

ぶんぶんチョッパーで
楽々サブおかずが
できちゃった!

おつまみにもなる副菜や
具だくさんの汁物など、ぶんぶんチョッパーで
できる料理はまだまだいっぱい。
ごはんのお供やドレッシングも
手作りの味をいろいろ楽しめます。

あじのなめろう

食べたくなったら5分で完成！
新鮮なあじが手に入ったらぜひ。
あじのゴロゴロ具合は好みで。

使ったのは

640ml
ぶんぶんチョッパー

900mlでも同量で作れる。

ぶんぶん
10回

あじとBを加えて

ぶんぶん
5回

材料（2人分）

あじ（刺し身用）… 100g

A ┌ 青じそ … 5枚
  │ しょうが … ½かけ
  └ みょうが … ½個

B ┌ みそ … 小さじ1
  └ しょうゆ … 小さじ½

| 下ごしらえ |

●あじ、青じそは2cm角に切る。

作り方

容器にAを入れて10回ぶんぶんし、あじとBを加えてさらに5回ぶんぶんする。

クリームチーズどうふ

ぶんぶんするだけでできちゃう人気の居酒屋メニュー。
裏ごしすると、さらになめらかになります!

材料 (2人分)
クリームチーズ … 100g
絹ごしどうふ … 100g
粉ゼラチン … 3g

A
豆乳 (成分無調整) … 100mℓ
塩 … 少々

削り節、細ねぎの小口切り … 各適量

| 下ごしらえ |
● クリームチーズは2cm角に切る。
● とうふはしっかり水きりする。

作り方

1 耐熱容器にクリームチーズを入れてラップをふんわりとかけ、電子レンジで50秒加熱する。

2 湯大さじ1に粉ゼラチンを振り入れてとかし、とうふ、1、Aとともに容器に入れ、30回ぶんぶんする。

3 11×13×高さ4cmくらいのバットやシリコン型に流し入れ、冷蔵室で1時間ほど冷やし固める。食べやすく切って器に盛り、削り節、細ねぎをのせ、好みで塩やしょうゆをかける。

ぶんぶん
30回

| 使ったのは |
640mℓ
ぶんぶん
チョッパー
900mℓでも同量で作れる。

いためてからぶんぶんして、なめらかなパテに。
バゲットや温野菜につけてどうぞ。

レバーパテ

材料（2人分）

鶏レバー … 150g

玉ねぎ … ½個

A
牛乳 … 50㎖
酒 … 大さじ2
砂糖、塩 … 各小さじ½
あらびき黒こしょう … 適量

バター … 20g

| 下ごしらえ |

● レバーは2㎝大に切る。

● 玉ねぎは2㎝角に切る。

作り方

1 耐熱容器に玉ねぎを入れてラップをふんわりとかけ、電子レンジで3分30秒加熱する。

2 フライパンを熱してバターをとかし、レバーと1をいためる。レバーの色が変わったらAを加えて汁けがなくなるまでいため、バットなどに移してあら熱をとる。

3 容器に入れ、なめらかになるまで30回ぶんぶんする。器に盛り、あればトーストしたバゲットを添える。

ぶんぶん
30回

| 使ったのは |

640㎖
ぶんぶん
チョッパー

900㎖は倍量がおすすめ。

中にチーズが入って、とろ～り＆もっちもち！
食べやすいので、子どものおやつにもおすすめです。

いももち

使ったのは
640ml
ぶんぶん
チョッパー
900mlでも同量で作れる。

材料（2人分）
じゃがいも … 2個
A { かたくり粉、牛乳 … 各大さじ3
砂糖 … 小さじ2
塩 … 小さじ½
ピザ用チーズ … 適量
バター … 適量

ぶんぶん
30回

| 下ごしらえ |

●じゃがいもは2cm角に切る。

作り方

1 耐熱容器にじゃがいもを入れてラップを
ふんわりとかけ、竹ぐしがすっと刺さる
まで電子レンジで5分ほど加熱する。

2 容器に1とAを入れて30回ぶんぶんし、
刃をとり出す。⅛量をとり、平らにの
ばし、チーズ少々をのせて包み込み、円
盤形にととのえる。同様に計8個作る。

3 フライパンを弱火で熱してバターをとか
し、2を並べ入れ、途中返して両面こん
がりと焼く。

とうがらしがきいてほんのり甘く、ごはんにぴったり。
ラーメンのトッピングにも◎。

ピリ辛味玉

使ったのは
640ml
ぶんぶん
チョッパー
900mlは倍量がおすすめ。

材料 (4個分)

ゆで卵 … 4個

玉ねぎ … ¼個

細ねぎ … 10g

A
赤とうがらし … 2本
しょうゆ、水 … 各大さじ2
砂糖 … 30g
ごま油、いり白ごま … 各大さじ1
にんにくのすりおろし … 少々

| 下ごしらえ |

● 玉ねぎは2cm角に切る。

● 細ねぎは2cm長さに切る。

● 赤とうがらしは種を除く。

作り方

1 容器に玉ねぎ、細ねぎ、Aを入れて20回ぶんぶんする。

2 ポリ袋に移してゆで卵を加え、空気を抜いて口を結び、冷蔵室で一晩つける。

ぶんぶん
20回

外はカリッと香ばしく、中は長いもとえのきでとろとろ。
明太とチーズで味もしっかり。箸が止まりません!

明太えのきの
チーズとろろ焼き

材料（2人分）

からし明太子 … 1腹

えのきだけ … 1袋

ピザ用チーズ … 50g

長いも … 200g

A| かたくり粉 … 大さじ2
 | 和風だしのもと … 小さじ1/2

ごま油 … 適量

| 下ごしらえ |

● 明太子は2cm幅に切る。

● えのきは石づきを切り落として3cm
長さに切る。

● 長いもは1cm厚さの半月切りにする。

作り方

1 容器に明太子、えのき、長いも、
Aを入れて30回ぶんぶんする。刃
をとり出してチーズを加え、軽く
まぜる。

2 フライパンにごま油を熱し、1を
流し入れて平らにし、ふたをして
焼く。途中返して両面香ばしく焼
き、食べやすく切って器に盛る。

使ったのは

900ml
ぶんぶんチョッパー

640mlは2回に分けてぶんぶんする。

ぶんぶん
30回

とうふにかけて

にらじょうゆ

にらがたっぷり入った中華風のたれ。
冷ややっこのほか、ギョーザやチヂミに。

使ったのは

640ml
ぶんぶんチョッパー

900mlは倍量がおすすめ。

材料 (作りやすい分量／約4人分)

にら … 50g
赤とうがらし … 1本

A
しょうゆ … 60ml
みりん(煮きったもの) … 大さじ2
ごま油 … 小さじ2
いり白ごま … 適量

| 下ごしらえ |

- にらは3cm長さに切る。
- 赤とうがらしは種を除く。

作り方

容器ににらと赤とうがらしを入れて25回ぶんぶんする。ボウルに移し、Aを加えてまぜる。

冷蔵
2～3日

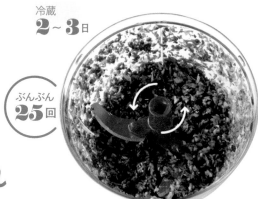

ぶんぶん
25回

しゅんぎくだれ

生のしゅんぎくは独特の苦みが少なく、香り豊か。
しゃぶしゃぶ肉や蒸し野菜にも合います。

材料 (作りやすい分量／約4人分)

しゅんぎく … ½束(50g)

A
しょうゆ、酢 … 各25ml
ごま油、すり白ごま … 各大さじ1
砂糖 … 小さじ2
鶏ガラスープのもと … 小さじ½

| 下ごしらえ |

- しゅんぎくは茎を除いて4cm長さに切る。

作り方

容器にしゅんぎくとAを入れ、30回ぶんぶんする。

冷蔵
2～3日

使ったのは

900ml
ぶんぶんチョッパー

640mlは2回に分けてぶんぶんする。

ぶんぶん
30回

117

ごはんにかけて **1**

山形だし

夏野菜をたっぷり使った山形の郷土料理。
ごはんや冷ややっこにかけて。

使ったのは

900ml
ぶんぶんチョッパー

640mlは2回に分けてぶんぶんする。

材料 (作りやすい分量／約4人分)

きゅうり … 1本
なす … 1個
青じそ … 5枚
刻み昆布 … 5g
A　水 … 500mℓ
　　塩 … 小さじ½
めんつゆ (3倍濃縮) … 大さじ3

| 下ごしらえ |
- ●きゅうり、なすは1cm厚さの輪切りにする。
- ●青じそは2cm角に切る。
- ●刻み昆布は食べやすい長さに切る。
- ●ボウルにAをまぜ合わせて塩をとかす。

作り方

1　容器にきゅうり、なす、青じそを入れて15回ぶんぶんする。

2　Aのボウルに1を加えて5分ほどおき、ざるに上げて水けをしっかりきり、昆布とめんつゆを加えて粘りが出るまでまぜ合わせる。

ぶんぶん
15回

冷蔵
2〜3日

ピーマンみそ

甘辛でごはんが進む味!
焼きおにぎりや冷やしたきゅうりにもよく合います。

使ったのは

900ml
ぶんぶん
チョッパー

640mlでも同量で作れる。

材料(作りやすい分量／約4人分)

ピーマン … 4個
A　みそ … 100g
　　砂糖 … 50g
　　酒、みりん … 各大さじ1
サラダ油 … 適量

| 下ごしらえ |
- ●ピーマンは2cm角に切る。

ぶんぶん
15回

作り方

1　容器にピーマンを入れて15回ぶんぶんする。

2　フライパンに油を弱火で熱し、1をいためる。全体に油が回ったらAを加え、まぜながら5分ほど煮詰める。

冷蔵
1週間

ごはんにかけて ②

たけのこ肉そぼろ

たけのこの食感がほどよく、ごはんにぴったり。
ギョーザや春巻きの具にもおすすめです。

使ったのは

640ml
ぶんぶんチョッパー
900mlでも同量で作れる。

材料 (作りやすい分量／約4人分)

豚ひき肉 … 100g
ゆでたけのこ … 100g
ピーマン … ½個
しょうが … 1かけ

A
| しょうゆ … 大さじ2
| 酒 … 大さじ1
| 砂糖、みりん … 各小さじ2

ごま油 … 適量

| 下ごしらえ |
● たけのこ、ピーマンは2cm角に切る。
● しょうがは半分に切る。

作り方

1 容器にたけのこ、ピーマン、しょうがを入れて15回ぶんぶんする。

2 フライパンにごま油を熱し、ひき肉をほぐしいためる。肉の色が変わったら1を加えてさらにいため、ピーマンがしんなりしたらAを加えて汁けがなくなるまでいためる。

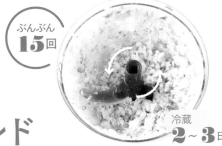

ぶんぶん
15回

冷蔵
2~3日

しょうゆアーモンド

カリカリアーモンドとしょうゆは好相性。
ごはんにかけるときは卵黄をトッピングすると◎。

材料 (作りやすい分量／約4人分)

素焼きアーモンド … 40g
にんにく … 2かけ

A
| フライドオニオン … 10g
| しょうゆ麹(またはしょうゆ)
| … 大さじ1
| ごま油 … 25ml

サラダ油 … 25ml

| 下ごしらえ |
● にんにくは薄切りにする。

使ったのは

640ml
ぶんぶんチョッパー
900mlは倍量がおすすめ。

作り方

1 容器にアーモンドを入れて20回ぶんぶんする。

2 フライパンにサラダ油とにんにくを入れて弱火で熱し、焦がさないようにじっくり揚げ、きつね色になったら火を止めて耐熱ボウルに移す。あら熱がとれたらAと1を加えてまぜ合わせる。

ぶんぶん
20回

冷蔵
1週間

ごはんにかけて **3**

食べるしょうが

新しょうがで作ってもおいしい！
とうふや納豆の薬味としても活躍します。

| 使ったのは |

640ml
ぶんぶんチョッパー

900mlでも同量で作れる。

材料 (作りやすい分量／約4人分)
しょうが … 200g
削り節 … 5g
A｜しょうゆ … 大さじ1½
　｜砂糖、酒、みりん … 各大さじ1
ごま油 … 大さじ1

| 下ごしらえ |
● しょうがは2cm角に切る。

作り方

1 容器にしょうがを入れて30回ぶんぶんする。

2 フライパンにごま油を弱火で熱し、1をいためる。水けがなくなったら削り節を加えて軽くいため、Aを加えて汁けがなくなるまでまぜながら煮詰める。

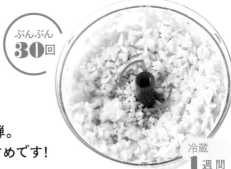

ぶんぶん
30回

冷蔵
1週間

青じそみそ

ごはんがとにかく進む「みそ」第2弾。
焼きおにぎりやでんがくにもおすすめです！

材料 (作りやすい分量／約4人分)
青じそ … 20枚
赤とうがらし … 1本
A｜みそ … 50g
　｜砂糖、酒、みりん … 各小さじ2

| 下ごしらえ |
● 青じそは2cm角に切る。
● 赤とうがらしは種を除く。

作り方

1 容器に青じそと赤とうがらしを入れて30回ぶんぶんする。

2 フライパンにAを入れ、まぜてから火にかける。軽く煮立ったら1を加え、青じそがしんなりしたら火を止める。

| 使ったのは |

640ml
ぶんぶんチョッパー

900mlは倍量がおすすめ。

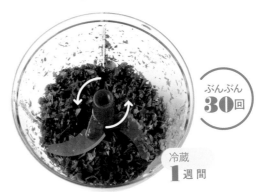

ぶんぶん
30回

冷蔵
1週間

手羽元の
バターカレースープ

ほんのり甘くスパイシーで、パンにもごはんにも合います。
辛いのが苦手なかたはカレー粉の量を調整してください。

ぶんぶん
20回

材料 (2人分)
鶏手羽元 … 4本
プレーンヨーグルト … 100g
玉ねぎ … ½個
にんにく、しょうが … 各1かけ
カレー粉 … 大さじ1
ガラムマサラ … 小さじ½
カットトマト缶 … ½缶(200g)

A
ウスターソース … 大さじ½
砂糖、しょうゆ … 各小さじ1
塩 … 小さじ¼

バター … 10g

| 下ごしらえ |

● ポリ袋に手羽元とヨーグルトを入れても
み込み、口を結んで冷蔵室で半日つける。
● 玉ねぎは2cm角に切る。
● にんにく、しょうがは半分に切る。

作り方

1 容器に玉ねぎ、にんにく、しょうがを
入れて20回ぶんぶんする。

2 なべを熱してバターをとかし、1をい
ためる。玉ねぎが透き通ってきたらカ
レー粉とガラムマサラを加えて粉っぽ
さがなくなるまでいためる。

3 トマト缶、水200ml、1、手羽元（ヨー
グルトごと）を加えてまぜ、ふたをして
弱火で1時間ほど煮込み（アクが出たら
とる）、Aを加えてまぜる。

| 使ったのは |

640ml
ぶんぶんチョッパー

900mlでも同量で作れる。

ぶんぶんした野菜のうまみがスープに浸透。
チーズが入って、コクもしっかり！

豆乳スープ

材料（2人分）

ウインナソーセージ … 2本
ブロッコリー … 20g
玉ねぎ … 30g
にんにく … ½かけ
しめじ … 30g

A｜豆乳（成分無調整）… 200㎖
水 … 100㎖
塩 … 小さじ½

ピザ用チーズ … 20g
塩、こしょう … 各適量
オリーブオイル … 適量

使ったのは
640㎖
ぶんぶん
チョッパー
900㎖でも同量で作れる。

｜下ごしらえ｜

● ソーセージは斜め薄切りにする。
● 玉ねぎは2cm角に切る。
● ブロッコリーは小房に分ける。
● しめじは石づきをとってほぐす。

作り方

1 容器にブロッコリー、玉ねぎ、にんにくを入れて20回ぶんぶんする。

2 なべにオリーブオイルを熱し、ソーセージ、しめじ、**1**をいためる。玉ねぎが透き通ってきたら**A**を加えて軽くまぜ、ふつふつしてきたらチーズを加えてまぜとかし、塩、こしょうで味をととのえる。

ぶんぶん
20回

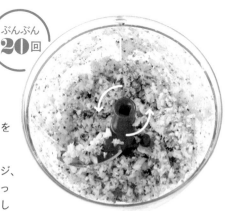

みじん切りの野菜は火の通りが早いから
すぐできるのがうれしい。白菜の消費にも!

白菜のチーズスープ

材料(2人分)
白菜 … 100g
ベーコン … 1枚
ピザ用チーズ … 40g
かたくり粉 … 大さじ½
牛乳 … 200㎖
顆粒スープ(コンソメ) … 大さじ½
塩、あらびき黒こしょう … 各適量
オリーブオイル … 適量

| 下ごしらえ |

● 白菜は2㎝角に切る。
● ベーコンは1㎝幅に切る。
● チーズにかたくり粉をまぶす。

使ったのは

900㎖
ぶんぶん
チョッパー
640㎖は2回に
分けてぶんぶんする。

ぶんぶん
15回

作り方

1 容器に白菜とベーコンを入れて15回ぶん
ぶんし、オリーブオイルを熱したなべでい
ためる。白菜がしんなりしたら水100㎖を
加え、やわらかくなるまで5分ほど煮る。

2 牛乳と顆粒スープを加えて弱火～中火で煮て、
ふつふつしてきたら粉をまぶしたチーズを加
え、まぜてとかす。とろみがついたら塩、黒
こしょうで味をととのえる。器に盛り、好み
であらびき黒こしょうを振る。

簡単なのに本格的！
ピリ辛で体が芯からあたたまります。

ユッケジャンスープ

材料（2人分）

牛バラこまぎれ肉 … 100g

絹ごしどうふ … 50g

もやし … 50g

にんじん … 30g

ねぎ … ½本

にんにく、しょうが … 各1かけ

A
　水 … 400㎖
　コチュジャン … 大さじ1
　鶏ガラスープのもと、みそ、
　　しょうゆ … 各小さじ2
　みりん … 小さじ1
　一味とうがらし … 小さじ½

塩、こしょう … 各適量

ごま油 … 適量

| 下ごしらえ |

● とうふは食べやすい大きさに切る。

● にんじんは短冊切りにする。

● ねぎは1㎝長さに切る。

● にんにく、しょうがは半分に切る。

使ったのは
640㎖
ぶんぶん
チョッパー
900㎖は倍量がおすすめ。

ぶんぶん
20回

作り方

1 容器にねぎ、にんにく、しょうがを入れて20回ぶんぶんする。

2 なべにごま油を熱して1をいため、ねぎがしんなりしたら牛肉を加えてさらにいためる。肉の色が変わったらにんじん、もやし、とうふ、Aを加え、にんじんに火が通るまで煮込み、塩、こしょうで味をととのえる。

あっさりしょうゆベースで具だくさんのつみれ汁。
あじをさんまやいわしにかえてもOK!

あじのつみれ汁

材料（2人分）

あじ（刺し身用）… 50g

しいたけ … 2個

絹ごしどうふ … 100g

冷凍ほうれんそう … 20g

ねぎ … ¼本

しょうが … 1かけ

| A | かたくり粉 … 小さじ2 |
| | みそ … 小さじ ½ |

| B | 酒 … 大さじ1 |
| | しょうゆ、白だし … 各小さじ2 |

| 下ごしらえ |

● あじは2cm角に切る。

● しいたけは石づきをとっ
　て薄切りにする。

● とうふは1cm角に切る。

● ほうれんそうは解凍して
　3cm長さに切る。

● ねぎは1cm長さに切る。

● しょうがは半分に切る。

ぶんぶん
30回

＼あじとAを加えて／

ぶんぶん
15回

作り方

1 ┃ 容器にねぎとしょうがを入れて15回ぶんぶんし、
　　　あじと**A**を加えてさらに30回ぶんぶんする。

2 ┃ なべに水500mlを入れて火にかけ、沸騰したら
　　　1を6等分してスプーンですくって入れる。途
　　　中アクが出たらとり、つみれが煮えたらしいた
　　　け、とうふ、**B**を加える。

3 ┃ 全体に火が通ったら、ほうれんそうを加えてひ
　　　と煮立ちさせる。

使ったのは

640ml
ぶんぶんチョッパー

900mlは倍量がおすすめ。

レンジで簡単！玉ねぎの甘さがきわ立つ大満足のスープです。
くりぬいた玉ねぎも詰めるので無駄なし。新玉ねぎで作っても。

玉ねぎの肉詰めスープ

材料（2人分）

玉ねぎ … 2個

しいたけ … 2個

合いびき肉 … 50g

A
とき卵 … ½個分
パン粉 … 大さじ1
塩、こしょう … 各適量
顆粒スープ（コンソメ） … 小さじ1

ピザ用チーズ … 適量

顆粒スープ（コンソメ） … 小さじ2

| 下ごしらえ |

● 玉ねぎは上下を水平に切りとり、包丁で切り
込みを入れてからスプーンで中身をくりぬく。

● しいたけは石づきをとって半分に切る。

作り方

1 容器に玉ねぎの中身、しいたけを入れて
20回ぶんぶんする。ボウルに移し、ひき肉、
Aを加えてねりまぜる。

2 くりぬいた玉ねぎそれぞれに1の¼量を
詰め、チーズをのせ、残りの1を詰める。
耐熱皿にのせ、ラップをふんわりとかけて
電子レンジで7分加熱する。

3 なべに水500mlを入れて火にかけ、沸騰し
たら顆粒スープを加えまぜ、とけたら2を
そっと入れてふたをし、弱火で15分ほど
煮込む。

ぶんぶん
20回

使ったのは

640ml
ぶんぶんチョッパー

900mlでも同量で作れる。

130

きのこの濃厚なうまみで味がまとまるので、コンソメは不要。
好みのきのこを数種類組み合わせて作るとおいしいです。

きのこのクリームスープ

材料（2人分）

しめじ、まいたけ … 各30g
玉ねぎ … 30g
にんにく … 1かけ
ウインナソーセージ … 2本
小麦粉 … 小さじ2

A | 生クリーム、水 … 各100㎖
| 牛乳 … 150㎖

B | しょうゆ、バター … 各小さじ1
| 塩 … 少々

オリーブオイル … 適量

下ごしらえ

● きのこは石づきをとってほぐす。
● 玉ねぎは2cm角に切る。
● にんにくは半分に切る。
● ソーセージは1cm長さに切る。

作り方

1 容器にきのこ、玉ねぎ、にんにくを入れて20回ぶんぶんする。

2 フライパンにオリーブオイルを熱し、1、ソーセージをいためる。玉ねぎが透き通ってきたら火を止め、小麦粉を振り入れてまぜ合わせる。全体になじんだらAを加え、まぜながら再び火にかける。

3 煮立ったらアクをとり、ふたをして10分ほど煮込み、Bを加えて味をととのえる。器に盛り、あればドライパセリを振る。

ぶんぶん
20回

使ったのは

640㎖
ぶんぶんチョッパー
900㎖は倍量がおすすめ。

131

大根とレタスのサラダ
和風玉ねぎドレッシング

ぶんぶんチョッパーなら数秒でドレッシングが完成!
生野菜はもちろん、しゃぶしゃぶ肉や
魚介類ともよく合います。

ぶんぶん
30回

材料（2人分）
サニーレタス … 2〜3枚
大根 … 2cm
ミニトマト … 4個

[和風玉ねぎドレッシング]
（作りやすい分量／約100mℓ）
玉ねぎ … ¼個
にんにく、しょうが … 各1かけ
しょうゆ、みりん、酒、酢 … 各大さじ1
砂糖 … 小さじ1

| 下ごしらえ |
- ●サニーレタスは食べやすい大きさにちぎる。
- ●大根は薄い半月切りにする。
- ●ミニトマトは半分に切る。
- ●玉ねぎは2cm角に切る。
- ●にんにく、しょうがは半分に切る。

作り方

1 容器に和風玉ねぎドレッシングの材料を入れて30回ぶんぶんする。耐熱容器に移し、ラップをかけずに電子レンジで1分加熱する。

2 器にサニーレタス、大根、ミニトマトを合わせて盛り、1を適量かける。

冷蔵（ドレッシング）
1週間

使ったのは

640mℓ
ぶんぶんチョッパー

900mℓは3倍量がおすすめ。

133

デパ地下風マリネドレッシングをぶんぶんで。
トマトやきゅうり、いか、生ハム、サーモンにもおすすめです！

かぶとパプリカの マリネサラダ

材料（2人分）
かぶ … 2個
パプリカ(黄) … ¼個
スナップえんどう … 6本
塩 … 少々

[マリネドレッシング]
（約100㎖）
玉ねぎ … ¼個
酢 … 大さじ2
オリーブオイル … 大さじ1
粒マスタード … 小さじ2
みりん … 大さじ½
塩 … 小さじ¼
あらびき黒こしょう … 適量

| 下ごしらえ |
● かぶは6〜8等分のくし形切りにする。
● パプリカは乱切りにする。
● 玉ねぎは2㎝角に切る。

ぶんぶん
30回

作り方

1 なべに湯を沸かして塩を入れ、かぶをさっと湯通ししてとり出し、パプリカとスナップえんどうを歯ごたえよくゆでてざるに上げる。

2 容器にマリネドレッシングの材料を入れて30回ぶんぶんする。

3 ボウルに**1**を入れ、**2**を回しかけてあえる。

使ったのは

640㎖
ぶんぶんチョッパー

900mlは倍量がおすすめ。

いもはレンジ加熱、
2段階で切りまぜることで時短!

ホットサラダ

材料（2人分）

じゃがいも … 大1個（200g）
きゅうり … ½本
ハム … 2枚
塩 … 少々

A
ゆで卵 … 1個
マヨネーズ … 大さじ3
酢 … 小さじ2
砂糖 … 小さじ1
塩、こしょう … 各適量

| 下ごしらえ |

● じゃがいもは2cm角に切る。
● きゅうりは薄い小口切りにして塩もみし、水けをしぼる。
● ハムは2cm角に切る。

作り方

1 耐熱皿にじゃがいもをのせ、ラップをふんわりとかけて電子レンジで5分ほど加熱し（竹ぐしがすっと通るまで）、ラップをしたままあら熱をとる。

2 容器に**1**を入れて10回ぶんぶんし、**A**を加えてさらに30回ぶんぶんする。刃をとり出し、きゅうりとハムを加えてまぜる。

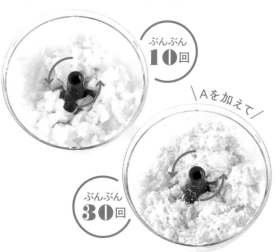

ぶんぶん
10回

\Aを加えて/

ぶんぶん
30回

使ったのは

640ml
ぶんぶんチョッパー

900mlでも同量で作れる。

135

子どもに人気の肉そぼろが入ったポテトサラダ。
食べごたえがあり、お弁当にも重宝します。

甘辛ミートポテサラ

材料（2人分）
じゃがいも … 大1個（200g）
合いびき肉 … 100g
めんつゆ（3倍濃縮）、みりん
　　… 各大さじ1
マヨネーズ … 大さじ2
サラダ油 … 適量

| 下ごしらえ |

● じゃがいもは2cm角に切る。

ぶんぶん
25回

使ったのは

640ml
ぶんぶんチョッパー
900mlでも同量で作れる。

作り方

1 耐熱皿にじゃがいもをのせ、ラップをふんわり
とかけて電子レンジで5分ほど加熱し（竹ぐしが
すっと通るまで）、ラップをしたままあら熱をとる。

2 フライパンに油を熱し、ひき肉をほぐしいため
る。肉の色が変わったらめんつゆ、みりんを加
えてまぜ、汁けがなくなるまで煮詰める。

3 容器に**1**とマヨネーズを入れて25回ぶんぶんす
る。刃をとり出し、**2**を加えてざっくりまぜる。

にんじんのみじん切りもぶんぶんなら簡単！
葉野菜やしゃぶしゃぶ肉、とうふにも合います。

温野菜サラダ
にんじんドレッシング

材料（2人分）
れんこん … 小½節(50g)
ブロッコリー … 4房
さやいんげん … 6本
エリンギ … 2本
塩 … 少々

[にんじんドレッシング]
（作りやすい分量／約100㎖）
にんじん … 20g
玉ねぎ … ¼個
にんにく … 1かけ
サラダ油 … 大さじ3
酢、しょうゆ … 各大さじ1
砂糖 … 小さじ1
塩 … 少々

ぶんぶん
40回

冷蔵（ドレッシング）
1週間

使ったのは
640ml
ぶんぶんチョッパー
900mlは3倍量がおすすめ。

作り方

1 なべに湯を沸かして塩を入れ、エリンギをさっとゆでてとり出す。続けてれんこん、ブロッコリー、いんげんを歯ごたえよくゆでてざるに上げ、合わせて器に盛る。

2 容器ににんじんドレッシングの材料を入れて40回ぶんぶんする。耐熱容器に移し、ラップをかけずに電子レンジで1分加熱し、1に適量かける。

| 下ごしらえ |
● れんこんは5mm厚さの輪切りにし、さっと酢水（分量外）にさらす。
● ブロッコリーは半分に切る。
● いんげんは5cm長さに切る。
● エリンギは縦半分に切ってから4cm厚さに切る。
● にんじんは1cm厚さの半月切りにする。
● 玉ねぎは2cm角に切る。
● にんにくは半分に切る。

まいたけの風味とうまみで箸が止まらない！
ソテーした肉や野菜にもよく合います。

かつおのサラダ
まいたけドレッシング

材料（2人分）
かつお（刺し身用）… 120g
水菜 … 1〜2株
玉ねぎ … 1/8個
貝割れ菜 … 1/4パック

[まいたけドレッシング]
（作りやすい分量／約100ml）
まいたけ … 50g
にんにく … 1かけ
サラダ油 … 大さじ2
酢、しょうゆ … 各大さじ1
粒マスタード、砂糖 … 各小さじ1
塩 … 少々

| 下ごしらえ |

● かつおは3mm厚さのそぎ切りにする。
● 水菜は5cm長さに切る。
● 玉ねぎは薄切りにして水にさらし、水けをきる。
● 貝割れ菜は3cm長さに切る。
● まいたけはほぐす。
● にんにくは半分に切る。

作り方

1 容器にまいたけドレッシングの材料を入れて25回ぶんぶんする。耐熱容器に移し、ラップをかけずに電子レンジで2分加熱する。

2 器にかつお、水菜、玉ねぎ、貝割れ菜を合わせて盛り、1を適量かける。

冷蔵（ドレッシング）
1週間

ぶんぶん
25回

使ったのは

640ml
ぶんぶん
チョッパー
900mlは倍量がおすすめ。

\Bun / \Bun /

Part 5

ぶんぶんチョッパーで
冷凍ミックスが
簡単に!

おかずや主食にアレンジできちゃった!

材料をぶんぶんして保存しておけば
おかずや主食の調理時間がグンと短くなります。
定番の「野菜ミックス」、イタリアンの味を
ワンランクアップする「ソフリット」、
ひき肉も加えた「中華のもと」を
展開料理とともに紹介します。

野菜ミックス

野菜を数種類合わせてぶんぶんするだけ。
料理アレンジも楽々! セロリやパプリカを加えても◎。

材料 (作りやすい分量／約300g)
玉ねぎ … 1個
ピーマン … 1個
にんじん … 1/2本
にんにく … 2かけ

| 下ごしらえ |

● 玉ねぎは2cm角に切る。
● ピーマンは2cm角に切る。
● にんじんは1cm厚さの半月切りにする。
● にんにくは半分に切る。

作り方

| 容器に材料をすべて入れて20回ぶんぶんし、ジッパーつき保存袋に入れ、空気を抜いて口を閉じる。

ぶんぶん
20回

冷蔵
2~3日

冷凍
約**1**カ月

使ったのは

900ml
ぶんぶんチョッパー
640mlは2回に分けてぶんぶんする。

野菜ミックスを使って、大人も子どもも大好きなカレーに。
包丁いらず、食べたいときに簡単にできちゃいます!

キーマカレー

材料 (2人分)
合いびき肉 … 150g
野菜ミックス(p.140) … ½袋(150g)
A| 水 … 100㎖
| ウスターソース、しょうゆ
| … 各大さじ1
カレールー … 20g
サラダ油 … 適量
あたたかいごはん … 適量

作り方

1 | フライパンに油を熱して野菜ミックスを
いため、玉ねぎが透き通ってきたらひき
肉を加えてほぐしいためる。

2 | 肉の色が変わったら**A**を加えまぜ、煮立
ったら火を止め、ルーを加えてとかす。
再び火にかけて5分ほど煮込む。

3 | 器にごはんを盛り、**2**をかける。

みじん切り野菜があればケチャップライスも手間なし。
ランチやお弁当など、いろいろなシーンで活躍します。

オムライス

材料（2人分）

卵 … 3個

あたたかいごはん … 260g

野菜ミックス（p.140） … ⅓袋（100g）

ベーコン … 2枚

A ┃ トマトケチャップ … 大さじ2
┃ 顆粒スープ（コンソメ） … 小さじ⅔
┃ 塩、こしょう … 各適量

B ┃ 牛乳 … 大さじ1
┃ 砂糖 … 小さじ1

サラダ油 … 適量

トマトケチャップ … 適量

┃ 下ごしらえ ┃

● ベーコンは1cm幅に切る。

作り方

1 フライパンに油適量を熱し、野菜ミックスをいためる。玉ねぎが透き通ってきたらベーコンを加えていため、ごはんを加えてほぐしいためる。油が回ってごはんがパラリとしたらAを加え、味をととのえて火を止める。

2 ボウルに卵を割りほぐし、Bを加えてよくまぜる。

3 フライパンに油適量を熱し、2の半量を流し入れて軽くまぜ、固まってきたら1の半量をのせて包み、器に盛る。同様にもう1つ作り、ケチャップをかける。

野菜ミックスにひき肉と豆を合わせてチリコンカンに。
スパイスがきいた本格派の味です!

チリコンカン

材料 (2人分)
ひよこ豆 (缶詰など) … 100g
合いびき肉 … 150g
野菜ミックス (p.140) … ½袋 (150g)

A
カットトマト缶 … ½缶 (200g)
水 … 100㎖
顆粒スープ (コンソメ) … 小さじ2
ドライオレガノ、クミンパウダー、
　カイエンペッパー … 各小さじ½
ローリエ … 1枚

塩 … 小さじ¼
こしょう … 適量
サラダ油 … 適量

作り方

1 フライパンに油を熱し、野菜ミックスをいためる。玉ねぎが透き通ってきたらひき肉を加えてほぐしいため、肉の色が変わったらひよこ豆と**A**を加えまぜ、ふたをして弱火で15分ほど煮込む。

2 塩、こしょうで味をととのえて器に盛り、好みでパンを添える。

ソフリット

イタリア料理に用いられる香味ベース。
さまざまな料理の味をワンランク上げてくれます。

材料(作りやすい分量／約200g)
玉ねぎ … 1個
にんじん … 1本
セロリ … 1本
塩 … 小さじ⅓
オリーブオイル … 大さじ3

| 下ごしらえ |

- ●玉ねぎは2cm角に切る。
- ●にんじんは1cm厚さの半月切りにする。
- ●セロリは葉を除いて1cm厚さに切る。

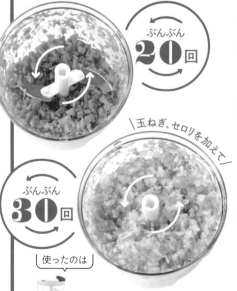

ぶんぶん
20回

＼玉ねぎ、セロリを加えて／

ぶんぶん
30回

使ったのは

900ml ぶんぶんチョッパー
640mlは2回に分けてぶんぶんする。

作り方

1 容器ににんじんを入れて20回ぶんぶんし、玉ねぎ、セロリを加えてさらに30回ぶんぶんする。

2 フライパンにオリーブオイルを強火で熱し、1をいためる。全体に油がなじんだら塩を加えてさらにいため、ふたをして弱火～中火で10分ほど蒸し焼きにする(焦げないようにときどきまぜる)。

3 ふたをはずし、まぜながらさらに20分ほどいためて火を止める。冷めたらジッパーつき保存袋に入れ、空気を抜いて口を閉じる。

冷蔵
3～**4**日

冷凍
約**1**カ月

野菜のうまみが凝縮した絶品ソースを
カリカリに焼いた鶏肉にかけて。記念日にもおすすめ！

チキンソテー コクうまソース

材料 (2人分)

鶏もも肉 … 1枚(250g)
塩、こしょう … 各適量
ソフリット(p.144) … 30g
A | バター … 10g
  | しょうゆ、酒、みりん … 各大さじ1
オリーブオイル … 適量

作り方

1 鶏肉は厚みが均一になるよう包丁で切り込みを入れて開き、塩、こしょうを振る。

2 フライパンにオリーブオイルを熱して1を皮目を下にして入れ、じっくり焼いてこんがりしたら返し、ふたをしてじっくり焼いて中まで火を通す。

3 鶏肉をとり出し、ソフリットを入れてため、あたたまったらAを加えてひと煮立ちさせ、火を止める。

4 鶏肉を食べやすく切って器に盛り、3をかけ、あればクレソンを添える。

ソフリットを加えるだけで、パスタソースがお店の味に！
ひき肉はあらくほぐしてゴロッとさせると存在感が出ます。

ボロネーゼ

材料 (2人分)

スパゲッティ … 160g

合いびき肉 … 200g

塩 … 適量

A ソフリット (p.144) … 50g
カットトマト缶 … 1缶 (400g)
水 … 50ml
トマトケチャップ、しょうゆ
… 各大さじ2
顆粒スープ (コンソメ) … 小さじ1
にんにくのすりおろし … 少々

こしょう … 適量

バター … 10g

│ 下ごしらえ │
● Aはまぜる。

作り方

1 なべに湯を沸かして塩適量を入れ、スパゲッティを袋の表示どおりにゆでてざるに上げる。

2 フライパンを熱してバターをとかし、ひき肉をあらくほぐしながらいためる。肉の色が変わったらAを加えてまぜ、ふたをして5分ほど煮込む。

3 塩小さじ1/3、こしょうを加えてまぜ、1を加えてあえる。

ソフリットを使うとビーフシチューがワンランクアップ！
おもてなしにもおすすめの一品です。

ビーフシチュー

材料（2人分）

牛肩ロース肉（シチュー用）… 150g
じゃがいも … 1個
玉ねぎ … 1/2個
にんじん … 1/4本
ブロッコリー … 6房

A
| ソフリット(p.144) … 50g
| 水 … 150mℓ
| 赤ワイン … 50mℓ

B
| デミグラスソース（缶詰など）
| … 150g
| トマトケチャップ … 小さじ2

塩、こしょう … 各適量
バター … 適量

下ごしらえ

● 牛肉は、塩、こしょう各少々を振る。
● じゃがいもはひと口大に切る。
● 玉ねぎは横1cm厚さに切る。
● にんじんは4cm長さ、1cm角くらいに切る。
● ブロッコリーはさっと塩ゆでする。

作り方

1 なべを熱してバターをとかし、牛肉を強火で焼く。全体に焼き色がついたら玉ねぎとにんじんを加え、玉ねぎがしんなりしてきたらAを加える。煮立ったらアクをとり、ふたをして弱火で1時間ほど煮込む。

2 じゃがいもとBを加え、ときどきまぜながら弱火で10分ほど煮込み、塩小さじ1/4、こしょう少々を加える。器に盛り、ブロッコリーをのせる。

中華のもと

ひき肉と香味野菜を合わせ、中華風の下味をつけました。
これがあれば、中華料理が簡単にでき上がります。

材料 (作りやすい分量／約300g)

豚ひき肉 … 200g

ねぎ … ½本

にんにく、しょうが … 各1かけ

A | 酒、みりん、かたくり粉
　　… 各大さじ1
ごま油 … 小さじ2
オイスターソース、みそ
　　… 各小さじ1

| 下ごしらえ |

● ねぎは1cm長さに切る。
● にんにく、しょうがは半分に切る。

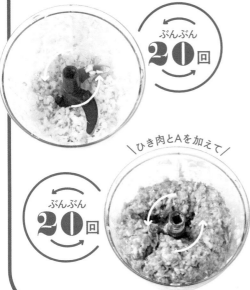

ぶんぶん **20**回

ひき肉とAを加えて

ぶんぶん **20**回

作り方

容器にねぎ、にんにく、しょうがを入れて20回ぶんぶんし、ひき肉、Aを加えてさらに20回ぶんぶんする。ジッパーつき保存袋に入れ、空気を抜いて口を閉じる。

冷蔵
3～4日

冷凍
約**1**カ月

使ったのは

640ml
ぶんぶんチョッパー

900mlでも同量で作れる。

中華のもとがあれば、材料が少なくて楽ちん！
白菜がとろんとして、ごま油の風味が食欲をそそります。

白菜の中華あんかけ

材料（2人分）
白菜 … 100g
中華のもと（p.148） … 1袋（300g）
はるさめ … 40g
しょうゆ … 大さじ1

| 下ごしらえ |

●白菜は4cm幅に切る。
●はるさめは湯にひたしてもど
し、長ければ切る。

作り方

1 フライパンに油をひかずに中華のもとを
入れて火にかけ、ほぐしいためる。肉の
色が変わったら白菜、はるさめを加えて
いため合わせる。

2 白菜がしんなりしたら水150ml、しょう
ゆを加えてまぜ、ひと煮立ちさせる。

ぶんぶんした肉だねはふわふわ食感！
味が決まっているので簡単にでき上がります。

ピーマンの
中華風肉詰め

材料（2人分）
ピーマン … 3個
中華のもと（p.148）… ½袋（150g）
酒 … 大さじ1
しょうゆ … 小さじ1
サラダ油 … 適量

| 下ごしらえ |

●ピーマンは上部をへたごと切り落とし、横半分に切る。

作り方

1 | ピーマンに中華のもとを詰める。

2 | フライパンに油を熱し、1を肉の面を下にして焼く。焼き色がついたら返し、酒としょうゆを加え、ふたをして7～8分蒸し焼きにして中まで火を通す。

中華のもとに、にらやはるさめをまぜて春巻きの具に。
肉たっぷりで食べごたえ満点です!

春巻き

材料 (2人分)

中華のもと (p.148) … ½袋 (150g)
にら … 10g
はるさめ … 15g
A | しょうゆ … 小さじ1
　 | 鶏ガラスープのもと … 小さじ½
水どき小麦粉 … 適量
春巻きの皮 … 4枚
揚げ油 … 適量

| 下ごしらえ |

● にらは2cm幅に切る。

● はるさめはゆでてもどし、ざく切りにする。

作り方

1 フライパンに油をひかずに中華のもとを入れて火にかけ、ほぐしいためる。肉の色が変わったら、にら、はるさめ、Aを加えていため合わせ、にらがしんなりしたら火を止めてあら熱をとる。

2 春巻きの皮に1の¼量をのせて包み、水どき小麦粉を塗ってとじる。同様に計4本作り、180度に熱した揚げ油にそっと入れ、途中返しながらきつね色になるまで揚げる。

鶏ガラスープのゼリーを中華のもとにまぜ、本格的な点心に！
せん切りしょうがをのせて食べてもおいしいです。

小籠包

材料（2人分）

中華のもと（p.148）… ½袋（150g）

A ｜ 湯 … 50㎖
｜ 鶏ガラスープのもと … 小さじ1
｜ 粉ゼラチン … 2.5g

ギョーザの皮 … 12枚

作り方

1 小さめのボウルにAを入れ、よくまぜて とかし、冷蔵室で冷やし固める。

2 ボウルに中華のもと、**1**を入れてまぜる。 ギョーザの皮に1/12量（小さじ1強）をの せてふちに水をつけ、皮の上下・左右を 合わせてひだをつけながら中央に寄せ、 ぎゅっとつまむようにしてとじる。同様 に計12個作る。

3 蒸気の上がった蒸し器にクッキングシー トを敷いて**2**を並べ入れ、ふたをして強 火で7〜8分蒸す。

\Bun / \Bun /

Part 6

ぶんぶんチョッパーで
バラエティー豊かな
デザートが
できちゃった!

泡立て器やゴムべらで根気よくまぜる
マフィンやケーキの生地作りも
ぶんぶんチョッパーにおまかせ!
とうふドーナツやいもようかんなど
和風のデザートまで幅広く楽しめます。

アイスクリームといちごをぶんぶんしてシェイク風に。
つぶつぶ食感が楽しいです。冷凍いちごを使っても。

いちごシェイク

使ったのは
640ml
ぶんぶん
チョッパー
900mlは倍量がおすすめ。

材料（2人分）
いちご … 8個(120g)
バニラアイスクリーム … 200㎖
牛乳 … 50㎖

| 下ごしらえ |
● いちごは半分に切る。
● アイスクリームは冷凍室か
　ら出して室温に5分おく。

作り方

容器にいちごとアイスクリームを
入れて25回ぶんぶんし、牛乳を
加えてさらに5回ぶんぶんする。

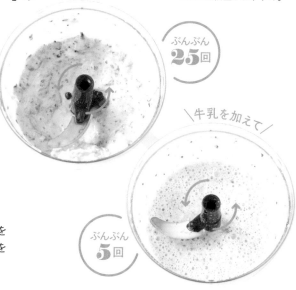

ぶんぶん
25回

牛乳を加えて

ぶんぶん
5回

食べたいときにすぐ作れる、ちょこっとジャム。
電子レンジでできて簡単!

キウイジャム

材料 (2人分)
キウイフルーツ … 1個
砂糖 … 20g
レモン汁 … 小さじ¼

| 下ごしらえ |
● キウイは2cm角に切る。

ぶんぶん
15回

作り方

1 容器にキウイと砂糖を入れて15回ぶんぶんする。深さのある耐熱容器に移してラップをふんわりとかけ、電子レンジで3分30秒加熱し、ラップをはずして水分がとぶまでさらに1〜2分加熱する。

2 あら熱がとれたら、レモン汁を加えて軽くまぜる。好みでパンに塗る。

さつまいもプリン

材料4つで、ふんわりプリンができます！
お好みでシロップをかけても。

材料 （直径9cm、高さ3.5cmの容器2個分）

さつまいも … 80g

A | 豆乳（成分無調整）… 100mℓ
　 | 卵黄 … 1個分
　 | 砂糖 … 小さじ2

| 下ごしらえ |
● さつまいもは2cm角に切って水に
　 さらし、水けをきる。

作り方

1　耐熱皿にさつまいもをのせてラッ
　 プをふんわりとかけ、電子レンジ
　 で2分30秒ほど加熱し（竹ぐしがす
　 っと通るまで）、あら熱をとる。

2　容器に1とAを入れてなめらかに
　 なるまで30回ぶんぶんする。裏
　 ごしして耐熱容器に流し入れ、ア
　 ルミホイルでふたをする。

3　深さ1cmほど湯を張ったフライパ
　 ンに2をそっと並べ入れ、ふたを
　 して火にかけ、ふつふつしたら火
　 を少し弱めて5分加熱する。火を
　 止めて5分蒸らし、あら熱がとれ
　 たら冷蔵室で冷やす。

ぶんぶん
30回

使ったのは
640mℓ
ぶんぶん
チョッパー
900mℓは倍量がおすすめ。

157

マンゴープリン

冷凍フルーツを使って簡単!
マンゴーの自然な甘さを生かし、砂糖は使いません。

ぶんぶん
20回

材料（直径5㎝、高さ7.5㎝の容器2個分）

冷凍マンゴー … 100g

A 牛乳 … 50㎖
  生クリーム … 50㎖

粉ゼラチン … 5g

| 下ごしらえ |

● マンゴーは室温で解凍する。
● 耐熱ボウルに水大さじ3を入れ、
  粉ゼラチンを振り入れてふやかす。

作り方

1 容器にマンゴー、Aを入れてなめ
らかになるまで20回ぶんぶんする。
耐熱ボウルに移し、ラップをふん
わりとかけて電子レンジで1分加
熱する。

2 ふやかしたゼラチンのボウルをラ
ップをかけずにレンジで20〜30
秒加熱してとかし、1に加えてよ
くまぜる。容器に流し入れ、冷蔵
室で1時間ほど冷やし固める。

米粉の
キャロットマドレーヌ

小麦粉を使わず、米粉で作るマドレーヌ。
にんじんのクセがなく、苦手な子どもたちも
気づかずに食べてくれます!

材料
（直径7.5cm、高さ2cmのマドレーヌ型4個分）

にんじん … 小1本(70g)

A
米粉(製菓用) … 100g
卵 … 1個
砂糖 … 40g
生クリーム … 40mℓ
ベーキングパウダー … 小さじ1

| 下ごしらえ |

● にんじんは1cm長さの半月切りにする。
● オーブンを180度に予熱する。

作り方

1 容器ににんじんを入れて30回ぶんぶんし、Aを加えてなめらかになるまでさらに30回ぶんぶんする。

2 マドレーヌ型に流し入れ、180度に予熱したオーブンで15分焼く。

ぶんぶん
30回

＼Aを加えて／

ぶんぶん
30回

使ったのは
640mℓ
ぶんぶん
チョッパー
900mℓは倍量がおすすめ。

ごぼうクッキー

食物繊維たっぷりのヘルシークッキー。
ごぼうとごまの風味がたまりません!

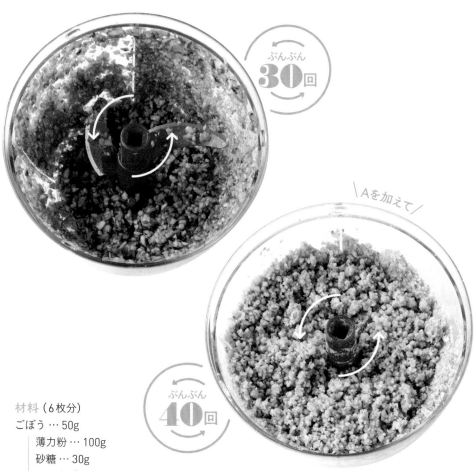

ぶんぶん **30**回

\Aを加えて/

ぶんぶん **40**回

材料（6枚分）
ごぼう … 50g

A
薄力粉 … 100g
砂糖 … 30g
すり白ごま … 10g
ベーキングパウダー … 5g
オリーブオイル … 大さじ2
塩 … 小さじ¼

| 下ごしらえ |

● ごぼうは1cm長さの輪切りにする（アク抜きはしない）。
● オーブンを170度に予熱する。

| 使ったのは |

640ml
ぶんぶん
チョッパー

作り方

1 容器にごぼうを入れて30回ぶんぶんし、**A**を加えてなじむまでさらに40回ぶんぶんする。

2 ラップを広げ、**1**から生地をとり出して包み、1cm厚さ（約10×15cm）にのばして冷蔵室で30分寝かせる。

3 ラップをはずし、天板に敷いたクッキングシートにのせ、スケッパーなどで6等分に切って表面にフォークで穴をあける。間隔をあけて並べ、170度に予熱したオーブンで15〜20分焼く。

いちごの
レアチーズケーキ

材料をぶんぶんして冷やすだけの簡単デザート。
砂糖やいちごの量は好みで調節してくだい。

材料
（直径6.5㎝、高さ3㎝のシリコン型6個分）

いちご … 100g

クリームチーズ … 80g

粉ゼラチン … 5g

A | クラッカー … 50g
  | とかしバター … 40g

B | 生クリーム … 80㎖
  | 砂糖 … 40g

| 下ごしらえ |

● いちごは半分に切る。
● クリームチーズは室温にもどして
　2㎝角に切る。
● 耐熱ボウルに水大さじ3を入れ、
　粉ゼラチンを振り入れてふやかす。

作り方

1 | 容器にAを入れて15回ぶんぶんし、型に敷き詰め、ラップをしたコップの底などでぎゅっと押さえる。

2 | 容器にいちご、クリームチーズ、Bを入れ、なめらかになるまで40回ぶんぶんする。

3 | ふやかしたゼラチンのボウルを、ラップをかけずに電子レンジで20〜30秒加熱してとかし、2に加えてさらに10回ぶんぶんする。

4 | 1の上に3を流し入れ、冷蔵室で1時間ほど冷やし固める。型からとり出して器に盛り、あればいちごを飾る。

使ったのは
640㎖
ぶんぶん
チョッパー
900mlでも同量で作れる。

クラッカー

ぶんぶん
15回

レアチーズケーキ

ぶんぶん
40回

＼ゼラチン液を加えて／

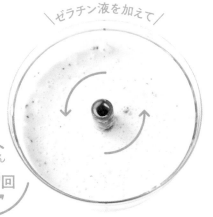

ぶんぶん
10回

かぼちゃチーズケーキ

かぼちゃの甘みとクリーズチーズの風味が合い、まったり濃厚。
ぶんぶんチョッパーで一気にまぜられるので簡単です!

材料（直径15cmのケーキ型1台分）

かぼちゃ … 250g

クリームチーズ … 200g

A
卵 … 2個
生クリーム … 100ml
砂糖 … 50g

| 下ごしらえ |

- かぼちゃは皮を除いて2cm角に切り、分量分用意する。
- クリームチーズは室温にもどして2cm角に切る。
- ケーキ型にクッキングシートを敷く。
- オーブンを170度に予熱する。

作り方

1 耐熱皿にかぼちゃを入れてラップをふんわりとかけ、電子レンジで3分30秒ほど加熱し（竹ぐしがすっと通るまで）、ラップをしたままあら熱をとる。

2 容器に1、クリームチーズ、Aを入れ、なめらかになるまで50回ぶんぶんする。

3 こしながらケーキ型に流し入れ、170度に予熱したオーブンで40〜50分焼く。

ぶんぶん
50回

| 使ったのは |

900ml
ぶんぶん**チョッパー**

640mlは2回に分けてぶんぶんする。

アップルパイ

フィリング作りはぶんぶんと電子レンジで簡単&時短!
冷凍パイシートでサクサクのアップルパイができちゃいます♪

ぶんぶん
20回

材料 (2人分)
りんご … 1個
冷凍パイシート(17×11㎝) … 2枚
A 砂糖 … 40g
　 レモン汁 … 小さじ1
　 シナモンパウダー … 適量
卵黄 … 適量

| 下ごしらえ |
● りんごは2㎝角に切る。
● オーブンを200度に予熱する。

| 使ったのは |

640ml
ぶんぶん
チョッパー
900mlでも同量で作れる。

作り方

1 容器にりんごを入れて20回ぶんぶんする。

2 深さのある耐熱容器に1とAを入れてまぜ、ラップをかけずに電子レンジで3分30秒加熱する。一度とり出してまぜ、さらに2分30秒加熱して水分をとばし（水分が多い場合は追加で30秒ずつ加熱）、あら熱をとる。

3 パイシートを横向きにおき、めん棒で縦に1.5倍ほどにのばしてフォークで穴をあける。シートの片側に2をのせ、半分に折って包み、とじ目をフォークで押さえる。

4 表面に切り込みを入れて卵黄を塗り、200度に予熱したオーブンで20分焼く。

バナナガトーショコラ

濃厚なチョコケーキとバナナは相性ぴったり！
材料をぶんぶんしてまぜていく、
豪華なのにお手軽なケーキです。

材料（直径15㎝ のケーキ型1台分）
バナナ … 1本
好みの板チョコレート … 100g
バター … 50g

A
卵 … 2個
砂糖 … 60g
生クリーム … 50㎖

B
薄力粉 … 30g
ココアパウダー … 30g

下ごしらえ

● バナナは2㎝長さに切る。
● チョコレートは1.5㎝角くらいに割る。
● バターは1㎝厚さに切る。
● ケーキ型にクッキングシートを敷く。
● オーブンを170度に予熱する。

作り方

1 耐熱容器にチョコレートとバターを入れ、ラップをかけずに電子レンジで1分加熱する。

2 容器にバナナ、A、1を入れて10回ぶんぶんし、Bを加えてさらに25回ぶんぶんする。

3 ケーキ型に流し入れ、型ごと軽くトントンして空気を抜き、170度に予熱したオーブンで35分焼く。あら熱をとり、あれば粉糖を振る。

ぶんぶん **10回**

＼ Bを加えて ／

ぶんぶん **25回**

使ったのは
640㎖
ぶんぶん
チョッパー
900㎖でも同量で作れる。

171

とうふドーナツ

主材料は2つ! もっちもちで、止まらないおいしさ。
子どものおやつに最適です。

ぶんぶん
40回

材料（20個分）
絹ごしどうふ … 150g
ホットケーキミックス … 150g
揚げ油 … 適量
グラニュー糖 … 適量

使ったのは

900ml
ぶんぶん
チョッパー
640mlは2回に分けて
ぶんぶんする。

| 下ごしらえ |

● とうふは3cm角に切る。

作り方

1 容器にとうふとホットケーキミックスを入れて40回ぶんぶんする。

2 20等分し（バットに移して平らにならし、20等分に線を引くとやりやすい）、水でぬらした手で丸める。

3 170℃に熱した揚げ油に**2**をそっと入れ、全体がきつね色になるまで転がしながら揚げる。熱いうちにグラニュー糖をまぶす。

いもようかん

口の中でホロホロッとくずれて、やさしい甘さ。
いもの甘さによって砂糖の量を調節してください。

ぶんぶん
20回

材料 (作りやすい分量)
さつまいも … 200g
砂糖 … 40g
塩 … 少々
粉寒天 … 3g

| 下ごしらえ |

● さつまいもは2cm角に切って
　水にさらし、水けをきる。
● バットなどにラップを敷く。

| 使ったのは |

640ml
ぶんぶん
チョッパー

900mlでも同量で作れる。

作り方

1 　耐熱皿にさつまいもをのせてラップをふんわりとかけ、電子レンジで5分ほど加熱し（竹ぐしがすっと通るまで）、ラップをしたままあら熱をとる。

2 　容器に**1**、砂糖、塩を入れて20回ぶんぶんする。

3 　なべに水150㎖、粉寒天を入れて弱火にかけ、寒天がとけたら**2**を加えて水分をとばすように弱火でねりまぜる。ラップを敷いたバットに移してあら熱をとり、冷蔵室で1時間ほど冷やす。

Staff

装丁、本文デザイン／細山田光宣＋奥山志乃＋杉本真夕
　　　　　　　　（細山田デザイン事務所）
撮影／佐山裕子（主婦の友社）
調理＆スタイリング／ダンノマリコ
調理アシスタント／岩﨑由美、中村佳瑞子、千葉美保、後藤里帆
編集／須永久美
DTP／天満咲江（主婦の友社）
編集担当／宮川知子（主婦の友社）

レシピ・監修
(有)ケイ・アンド・エー

ぶんぶんチョッパーをはじめ、シリコンバッグ、ポータブルミキサー、icokka折りたたみ踏み台、折りたたみキャリーカート、シューピタ（シリコン靴紐）などアイディアあふれるオリジナル雑貨の企画・卸売りをしている。北九州市を拠点として全国へ発信。特にぶんぶんチョッパーはシリーズ累計150万人以上の愛用者がいる大ヒット商品。

ぶんぶんチョッパーで
爆うまおかずが
サクッとできちゃった

2024年5月31日　第1刷発行

編　者　主婦の友社
発行者　平野健一
発行所　株式会社主婦の友社
　　　　〒141-0021
　　　　東京都品川区上大崎3-1-1 目黒セントラルスクエア
　　　　電話03-5280-7537（内容・不良品等のお問い合わせ）
　　　　　　049-259-1236（販売）
印刷所　大日本印刷株式会社

©Shufunotomo Co., Ltd. 2024　Printed in Japan
ISBN978-4-07-456912-0

■本のご注文は、お近くの書店または主婦の友社コールセンター（電話0120-916-892）まで。
＊お問い合わせ受付時間　月～金（祝日を除く）10：00～16：00

＊個人のお客さまからのよくある質問をご案内しております。